中公文庫

学ぶこと 生きること

女性として考える

猿橋勝子

中央公論新社

目次

I 生きることの素晴らしさに向けて

II 学ぶことの素晴らしさに向けて

学ぶこと　生きること

——女性として考える——

I　生きることの素晴らしさに向けて

ひとすじの道を歩く

エイボン女性大賞

一昨年十月、私は思いもかけず、一九八一年度の「エイボン女性大賞」をいただいた。この賞は、一九七九年に設立された、エイボン文化センターの活動の一環として設けられた「エイボン女性年度賞」のうちの一つである。

女性大賞の第一回受賞者は故市川房枝国会議員、第二回は高島屋の初の女性重役になった石原一子さん、私は第三回目の受賞者としての栄誉をいただいた。第一回は政界、第二回は財界、第三回は学界からの受賞者ということになった。

私の受章理由は「女性科学者の先駆として、地球化学の分野で、世界的に評価されたすぐれた功績をあげ、女性の地位向上と世界平和のために、国際的な活動を長年続けられていることに対して」と真ちゅう版の賞状にきざみこまれている。

賞は賞状と銀製の賞牌のほか、大賞については副賞として一〇〇万円がおくられる。大賞以外には、功績賞、教育賞、スポーツ賞、芸術賞の四つの賞があり、これらには副賞五〇万円がおくられる。賞牌は、大賞については、ニューヨークのティファニー社に特別に注文したという直径三〇センチの銀の飾皿で、約一キログラムの重さのものであった。

さらにこの賞のありがたい特長は、受賞者が希望する団体に、各賞の副賞と同額の金額が寄付されることである。私はその団体として「女性科学者に明るい未来をの会」（略称、明るい未来をの会）を希望し、一〇〇万円の寄付をいただいた。「女性科学者に明るい未来をの会」は、私が気象研究所を定年退官したとき、多くの先輩、同僚、友だちからいただいたお祝金・五〇〇万円を当初の基金として、諸先生方の御協力のもとに設立したものである（会長・湯浅明東大名誉教授）。

女性科学者に明るい未来をの会

わが国では第二次世界大戦敗戦後、婦人参政権、法の下での男女平等、教育における男女の機会均等などが、憲法で保障されることになった。明治、大正のころにくらべれば、女性の権利は大幅にひろげられた。しかし、いまだに職業上の男女平等の道は遠い。とくに自然科学系の研究分野では、男性の力がたいへんつよい。また家庭をもった女性科学者に対する研究上の障害も大きい。

女性の科学者数は総数においても、比率においても、まだきわめて低いのが現状であるが、幾多の優秀な女性研究者も出ている。また、女性の科学的知識のレベルも向上し、国民生活の大きな基盤となっている。

私たちは、女性科学者のもつ、きわめて高い潜在能力を信じ、それに大きい期待を寄せている。また私たちは、わが国の自然科学の今後の発展が、女性科学者の活動に依存することが、きわめて大きいと考えている。そして現在、女性科学者のおかれている情況の暗さの中に、一条の光を投じ、いくらかでも、彼女たちをはげまし、自然科学の発展に貢献できるよう、支援できればと願っている。「明るい未来をの会」の事業として学術賞（猿橋賞）を設け、すぐれた研究業績をあげた女性科学者に贈呈することにしたのである。

学術賞は年に一回、一人の女性科学者に、賞状と賞金（三〇万円）が贈呈される。一昨年（一九八一年）は、第一回受賞者として、国立遺伝学研究所研究室長・太田朋子博士に、第二回（一九八二年）は、関西学院大学教授・山田晴河博士に贈呈された。第三回（一九八三年）は、きたる五月二十一日、霞ケ関ビル・東海大学校友会館で、日本女子大学教授、大隅正子博士に贈られることになった。

エイボン女性大賞をいただいたこと自体、私は何と運のいい人間であろうかと思う。私にとって、大変名誉なことであった。その上に、「明るい未来をの会」へ、一〇〇万円の大金まで寄付していただいたことは、私にとっては一層うれしく、よろこびが二倍になった大きな賞であった。心から感謝している。学問研究の世界に働く女性研究者の地位向上のために、微力ではあるが、一層の努力を重ねたいと考えている。

ひとすじの道

エイボン女性大賞の昨年度（一九八二年）の受賞者は原百代さん（著述家）であった。「十三年の歳月をかけて、膨大な資料を探索し、史実を掘りおこし、従来の通説をくつがえす壮大なロマン『武則天』を完成させた偉業による」受賞とされていた。

受賞祝賀会に招待されて、私が痛感したのは、一つの事をひとすじに求めてきた人たちのすばらしさであった。それは学問研究の世界だけでなく、すべての分野に共通していえることであろう。若いときから、一つの目的をもって精進し続けることの意義の深さを改めて感じた。

女性大賞のような大きな賞をうけることのできる人は、そう数多くはない。受賞者は本当に幸運な人たちである。同じような事をして生きてきても、賞には全く縁のないままの人の方が、世の中にははるかに多いのである。しかし、ひとすじの道を歩いて生きることは、賞とはかかわりなく、一人の人生として自分自身が満ち足りた思いをもつであろう。

人間の寿命がのびたとはいえ、一人の人間が一生に使える時間は、もの心ついてから、大体五十年とか六十年であろう。人類が地球上に出現してから約百数十万年といわれているが、人類の歴史と比較しても、五十年あるいは六十年という年月は、決して長いものではない。一人の人間の歴史を考えれば、その間にできることは、ほんの僅かのことにすぎない。短い年月ではあるが、一生懸命、精を出せば、何か少しはできるであろう。何もしないでいれば、五十年は無駄にすぎていってしまうのである。それが人間のいのちでもあるということができよう。

テレビを見ていたら、将来を嘱望されている若いプロボクサーの一人が、記者のインタビューに答えていた。言葉の詳細はおぼえていないが、内容は次のようであった。

「僕は、一つの仕事をきわめてみたいんです。一つの仕事に全力をそそぎ、成功した人の顔は、スポーツ畑の人に限らず、どんな分野の人でも、すばらしいと僕は思っています。僕も一生懸命、ボクシングにうちこんで、そういう顔の人間になりたいんです」

久しぶりに、すばらしい若者の言葉をきいた。私もおそまきながら、この青年のように努力し、ひとすじの道を歩き続けたい。そして青年が求めているような顔の持主になりたいと思った。

社会への貢献

女性と学問

「女には学問はいらない」とか、「女には高等教育は必要ない」などという人がいる。昔は、よくきかされたものである。

そのころは「男性は外で働き、女は家にあって、家事や育児に専念する」というのが、日本人の大部分の考えであった。それは、男性社会につかえるためだけに、女性の存在が認められていた時代の女性の姿であった。いわば、男性に隷属する女性が、女性としては、最も価値の高いものとされていた時代であった。

したがって、一人一人の女性がどんな能力をもっているか、あるいは適性があるか等々の個性とは全く関係なく、ただ男性につかえるための女性をつくりあげるのが教育とされていた。そのため、男性にたよらず、自分の力で生計をたて、社会的にも独立して生きてゆこうとする女性は、女らしくないとされ、男まさりなどと呼ばれ、嫌われ、さげすまれさえしてきた。いわゆる「良妻賢母」としての女性が理想の姿であった。賢母であっても、賢妻は歓迎されない存在であった。男性にひたすら忠実につかえ、男性の言動に批判的であってはならない。ただ献身的に男性にしたがってゆく女性が理想的であった。

戦後三十七年を経たいま、私たちの周囲は少しずつ変わり、昔にくらべれば女性の地位もやや向上したように思う。女性の社会的進出はめざましい。以前には考えられなかった上級職に、女性が就任したことなどは、働く女性たちにも、大きなはげましを与えている。女性の大使や、企業における女性重役も実現した。女性の専門職として、伝統的に、比較的女性が多かった小・中学校の教師に加えて、いまは大学教授、医師、弁護士、研究者等々、専門職として働く女性の数は、少しずつ増加している。

しかし、一方、日本の長い歴史の中でつちかわれてきた「男尊女卑」の考え方は、一般には、いまだに多くの日本人の心の中に、根づよく残っているように思う。それは男性ばかりでなく、女性自身の心の中にも、深く残されているように見うけられる、「もっと女らしくしなさい」、「女の子はそんな男の子みたいなことを、するもんじゃありません」等々の会話は、母親から娘への、日常茶飯事の言葉であり、女の子は幼児にいたるまで、耳にタコができるほど、きかされてきた。

女性に対するこのような固定観念は、戦後新たに生まれ変わったはずの日本国・民主主義社会の中で、いまだに少なからず、人々の心の中に残っているのである。女の子に対しても、男の子と同様に、一人一人の人間を大切にするはずである民主主義の基本的考え方が、まだ人々の心の中に定着していないためであろう。いまでも、女の子に対しては、男性につかえるための修業・訓練が、教育であるかのように思われているのであろう。

　数年前、ラーメンの広告に「貴女つくる人」、「僕たべる人」というのがあった。これらの言葉は、日本人の多くが認めている女性に対する役割分担的考え方を土台にして、宣伝効果をねらったものであろう。

女性の知的レベルの向上

　家庭内での役割分担はともかくとして、職場での役割分担の意識は根が深い。女性の能力のあるなしにかかわらず、すべて男性の補助的存在として考えられてきた。仕事も、女性に対しては、頭脳を使う仕事は与えられない。「女は結婚までの腰かけで、結婚したら、当然、退職してゆくのだから、責任ある仕事は与えられない」という。せっかく、専門技術を大学で学んできても、実際には生かされず、習練を重ねる場が与えられない。せいぜい「お茶くみ」くらいの仕事しか与えられず、しだいに働く意欲を失ってゆく。

男性と同じ仕事をしても、女性の収入はきわめて低いのが、一般的傾向である。国連報告によると、世界全体の平均値としては、女性の労働時間は男性の七〇％になったが、その収入は男性のわずか一〇％にすぎないという。わが国についてみると、女性の労働時間は男性の九〇％に達したが、収入は男性の五五％でしかないという。

このような習慣が維持されている環境の中に、長いことおかれてきたために、女性の方も、「女だから」といわれても、「仕方がない」、「やむを得ない」と思いこみ、何となくあまり抵抗も感じないまま、当然のことのようにあきらめてきた。ほとんどの人が、深くも考えず、慣習というつよい力におし流され、多少の無力感に悩まされながら、当然のように思いこまされてきたのであろう。

しかし、世の中は、その歩みはおそいが、少しずつ、確実に変わっているように思う。その一例としては、大学に進学する女子学生の数が、年々ふえ続けていることをあげることができよう。

四年制大学と短大に進学する学生の合計は、昨年（一九八二年）は、女子学生の方が男子学生の数を越えたという。しかし、女子学生の場合は、その五〇％以上が短大への進学者である。これに対して、男子学生の場合は、短大進学はわずか一〇％以下で、九〇％は四年制大学への進学である。したがって、男女の教育水準が、真に同等になったわけではない。しかし、女子の教育水準も、少しずつではあるが、徐々に高められつつあるということができよう。

男性の場合は、高等教育をうける人の大部分が卒業後はその教育を、職業に役立たせることを目的としている。つまり男性の場合、高等教育はそのまま職業教育と考えている人が大部分である。これに対して、女性の場合は、高等教育に対する考え方が、必ずしも男性の場合と同じではない。短大に進学する女性の多くは、結婚にそなえての花嫁修業であり、短大は昔の花嫁学校であるという人さえもいる。昔とは多少違っている所もあるだろうが、男性につかえるための花嫁づくりという要素が多いことも事実であろう。

しかし、たとえ短大が花嫁学校に近い存在であっても、進学することによって、多少とも女性の知的レベルは高くなったと思われる。それが女性の自立的意識の高揚に、どれだけ役に立ったか、役に立っているかが、問題である。女性の一人一人がどんな意識をもって大学を卒業し、社会に出てゆくかが、その後の女性の生き方に、大きなかかわりをもつことになるであろう。

義務教育を終えて、高等学校に進学するときも女子はとくに将来のことをあまり深く考えてはいないことが多い。大学進学を目ざしている人は、一つの階段として進学するので、それなりの意味があるであろう。しかし、その他はまわりの人が高校へ行くので、せめて高校くらいはと思って進学する人もいるであろう。この時期は、その後の人生にとって大変大事な時期であろうと思われるが、よき指導者、あるいはよきアドバイザーに出会う幸運な人はきわめて少ない。自分自身で考えて、将来の見通しをつけるためには、まだ若すぎて、あまりよくわからないのである。

さらに大学に進学する時も、特殊な専門教育や技術教育を希望している人は別として、何となくという軽い気持で、あまりよくわからないまま、大学へ進学する場合が少なくないのではないか。とくに女子においては、このような傾向が多いのではないか。

女子の場合、短大に進学する人は「短大くらい出ていないと、結婚するときの履歴として格好がわるい」と、考えている人も少なくないであろう。四年制大学へ行くことは反対の家庭でも、短大ならよいとする両親も多いという。「女には高等教育はいらない。嫁にゆくのに邪魔になる」という考え方は、一部ではまだいまも生きているのである。また逆に、短大では教育も半端だからと考え、四年制大学に進学することをすすめる家庭も多いときいた。

社会への参加

私は女性も、何か専門技術を身につけておくのがよいと考えてきた。それは自分の適性を考えてきめなければならないが、いずれにしても、若いうちにその専門技術を習得しておくことが必要である。そのためには、若いころに、自分に適した職業を選ばなければならない。それには、おそくても、高校時代に、大体の目標ぐらいをきめるのがよい。

しかし、高校時代というのは、まだ世の中のしくみがよくわかっていない。その時期に将来の進路を選択しなければならないという困難さに、まず直面する。したがって、この時に、先生、両親、あるいは兄姉からのよき指導、よきアドバイスが必要となる。高校の先生方の責任は、まさに重大であると、私は考える。この大事なときに、ただ大学入試に合格することだけのために、時を浪費しているように思えてならない。

すでにさきに述べた女性大使や、企業における女性重役に就任された方たちは、突然にそのポストが降ってきたわけではない。彼女たちの働きぶり、仕事の能力が長い間、注目されていたのである。それは一朝一夕にして得られたポストでないことは、いうまでもない。仕事への力量、才能、人柄等々のすぐれていることが、多くの人の認めるところとなり、与えられたポストである。若いころから、その道の専門家としての習練を積み、職業人としての研鑽《けんさん》を積み重ねてきた結果として、評価されたものである。さらにその上、現在もかなり、ハードなスケジュールをこなしながら、仕事熱心に、研究心を失わずに、休みなく勉強を続けている人たちである。

女性の数が、人口の半分を占めていることを考えると、女性の教育が社会におよぼす影響はきわめて大きい。女は女らしく、お茶やお花のおけいこに精を出し、女はただ趣味的に暮らすように教育された時代もあった。その前近代的な古い時代おくれの考えをもつ人が、いまだにいるのは、残念でならない。高等教育をうけた女性たちが、学生時代に学んだことを基盤として、積極的に社会に役立てるよう、まず努力してほしいものである。

女性の幸福を考える

人間の生き方には、いろいろな道がある。きわめて多様であるが、いずれも「人生」という道を歩いている。長い道を、どこまで歩くことができるのかわからない。行手に何があるかもわからないまま、ただ、ひたすら歩いてゆく。どんな災害が待ちうけているかも知れない。しかし、やがて歩くことができない、人生の最後の日を迎えることになるであろう。その日まで、私たちは、どのように歩き続ければよいのであろう。それに的確に答えることのできる人は、いない。

人生の途上で、理解ある男性にめぐりあえれば、結婚して子供をもつことも、人間として自然の理であろう。それは男性にとっても、女性にとっても、立場は同等である。ただ、女性にとって、少し心にかかることは、とくに若い女性の中には結婚生活にのみ、あまりにも大きな期待をかけている人が多いことである。このような若い女性を見ると、私は大きな不安を禁じ得ない。

恋愛や結婚も、たしかに人間のよろこびの対象の一つである。子供をもつよろこび、妻としての生きがいも、人間の幸福の一つと呼べるものである。しかし、結婚にだけ大きな期待をかけることがいかにはかなく、たよりないものであるかは、戦争という体験が、私たちに、実に多くの具体的な事例によって、教えてくれた。

日本人の寿命がのびたとはいえ、もの心ついてからの人生は、六十年たらずのものである。そのつかの間の人生を、ともに暮らすのが結婚であるならば、ただ男性への従属を女性に強いている生活ではなく、男女ともに、それぞれの力の限りを出しあうことに協力してこそ、共同生活の意識が高くなるのではないか。お互いに自らの力を発揮し、それぞれ独立して生きるよろこびをもつ共同生活をつくりあげてゆくことこそ、人間として生まれたことへの、生きがいとなるのであろう。

人間はいつも、ひたすら「幸福」を求めて暮らしている。では「幸福」とは一体、何であろうか。「幸福」を追い求めているというが、「幸福」という客観的存在があるわけではない。それは、自らが十分満足感をもつことではなかろうか。そして、その充足感は、自分が最善をつくして生きてゆく時に、つくられる状態であろう。最善をつくして生きた結果として、得られるものであろう。

自らの個性をやしない、それを社会的に生かし、働くことができれば、それは最高の幸福ではないか、と私は思う。

女性が幸福になるためには、社会全体のレベルが高くなり、人間が他の人の存在を認めあう、平等な社会を樹立することが、先行されなければならない。女性が抑圧されている社会においては、女性の真の幸福はないであろう。

結婚にだけ大きな期待をかけて、幸福を待ち望んでいるのは、あまりにも他力本願の生き方であり、大変幼い考え方ともいうことができよう。

一人の人間の幸福は、男性、女性を問わず、常に本人の自立的精神の上にあるといえよう。自分自身の社会的自覚を基盤にしていることはいうまでもない。

女性も、まず自立のための努力を重ねることが、幸福な人生を築くための大きな前提ではなかろうか。

読書の楽しさ

疎開先を訪ねて

昨年の夏、私は四年ぶりに叔母を訪ねた。母の妹である。母は二人の兄と一人の妹の四人兄妹であったが、いま健在なのは、この叔母、ただ一人となってしまった。宮城県登米市に住み、今年九十四歳になる。

母の実家がある石巻市に住むいとこの家に一泊した後、いとこを誘って、登米まで車を走らせた。道はすっかり整備され、ほぼ完全に舗装されている。その日は快晴で青空がひろがっていた。ゆきかう車も少なく、北上川の土手を上流に向って走るドライブは、快適であった。北上川の水はあまりきれいではなかったが、空気は澄んでいる上に湿度は低く、東京のようなむし暑さがない。緑が太陽に映えた風景を楽しみながら、車は約四十五分で叔母の家についた。

叔母は少し耳が遠くなったようであったが、頭の方は少しもぼけてはいない。九十四歳とは思えない元気さである。真白な髪をきれいに束ねた叔母が、奥の座敷から出てきた瞬間、私たちは胸が一杯になり、お互いに言葉をなくした。が、まもなく、再会のよろこびが三人の口から一斉にあふれ出た。私に同行したいとこも七十八歳である。

叔母は現在、孫夫婦と一緒に暮らしている。孫夫婦がとても優しく、叔母の面倒をみてくれているのが、私には何よりうれしいことであった。孫夫婦に、心から御礼を述べると、「叔母さん、僕たち、何も特別なことをしているわけではありませんよ。僕たちのできることをしているだけですよ。世の中は順番ですからね」という言葉が、坦々とした調子で返ってきた。孫は三十六歳といっていたが、田舎の平穏な生活を守る若人として、私は大変たのもしく思った。

この叔母の家に、父と母は、戦争末期に寄寓し、世話になった。その時は叔父はまだ、健在であった。東京の空襲がはげしくなった時（一九四五年三月以降）、病身の母につきそって、父ともども、ここに移り住み、約一年間をすごしたのである。

同じころ、東京の私たちの研究室（中央気象台研究部）も焼かれてしまい、急速に疎開の話が進み、研究室は長野県諏訪市の郊外に移ることになった。平穏に、ささやかながら一つ家に精一杯の生活をしていた親子三人が、はじめて別れ別れに暮らすことになったのは、一九四五年五月のことであった。

諏訪へ出発する時には、戦争が、その後どのように進展するかがわからず、私たちはお互いに、口には出さなかったけれども、二度とあいまみえることがあるかどうかわからないと、心の中で思っていた。父と母は、家族の中でたとえ、私だけがただ一人、この世に残るような事態になった場合でも、何とか生きてゆけるようにとの心くばりをしていた。そのことは、私を諏訪へ送り出すための荷造りの間にも、私は痛いほど感じていた。「何があっても、真面目に生きるんですよ」というのが、母の娘（私）への別れの言葉であった。

しかし敗戦は以外に早く訪れた。諏訪に移ってから三カ月後のことであった。敗戦直後の不安定さを避けて、東京の社会状勢が少し落ちついてから、帰京することとなり、諏訪で年を越すことになった。諏訪の冬の寒さは、ことのほか厳しい。寝ている枕もとに干した手拭は、翌朝カリカリに凍りついているほどである。長い寒い冬を越した後、一九四六年三月末、私たちの研究室は、ようやく東京にもどることができた。

両親は一足先に上京した。東京・大田区にようやく小さい家を見つけて、私の帰りを待っていてくれた。親子三人は一年ぶりに、一つ屋根の下に集まったものの、敗戦のきずあとは深く、大きく、すべては荒廃して、人々の生活はどん底であった。今から思い出すと、人間の生活とはいえないような、みじめな毎日であった。

休日には、リュックサックにわずかばかりの焼け残った衣類をつめて、私は友だちと連れだって、お芋などの買出しに出かけた。ジャガイモでも買える時は上等であった。やむなく、カボチャしか買えないような時は、リュックサックの中にうまくおさまらず、背負う腰のあたりにゴツゴツ当って、とてもつらい思いをして家まで運んだ。衣類はいうまでもなく、食糧とひきかえに交換する物資であった。千葉県、埼玉県、ときには茨城県までも、つぎつぎと、つてをたよって、食物を求め歩いた。

一方、文字通り猫の額ほどのせまい庭には、トウモロコシやトマト、キュウリ、ナス等を植えて、わずかばかりの食糧の自給のまねごともした。もぎたてのトマトやイチゴが、朝の食卓をにぎやかにしてくれた。これらは当時、私たちにとっては、最高のご馳走であった。

自宅から研究室まで、毎日満員電車にゆられて通勤した。日々、ただ生きてゆくことに追われていたような私たちの生活は、何ともむなしいものであった。研究室での仕事が、もしなかったら、私はこの虚無感から脱け出ることができたであろうか。また、私の好きな真白い食パンやチョコレートなどを、どこからか手に入れて、私の帰りを待っていてくれるやさしい家族の心くばりがなかったら、私はあんなに苦しい日々をのり越えることができたであろうか。研究室における仕事への情熱と、それを支え、ご指導して下さった三宅先生のあたたかいはげましと、家族の思いやりが、私の心をどうやら支えてくれたのであった。いまから思い出すと、寒気をおぼえるような、あぶない淵を渡り歩くような不安な毎日であった。

『パンセ』との出会い

私はそのころ、すばらしい一冊の本に出会った。それはB・パスカル著『パンセ』（瞑想録）である（津田穣訳）。私はこの本から、人間とは何か、人生とは何か、人間の生き方等々、多くのことを学んだ。虚無感にうちひしがれ、どん底を歩きさまよっていた私を、救い出してくれた一冊の本といっても、いいすぎではない。

パスカルは一六二三年、フランスに生まれた。三十九歳でこの世を去るまで、数々の天才的な業績を残した。

パスカルは、小さい時から数学、物理学に大きな興味を示し、自ら幾何学を研究し、また十二歳の時に、「ピタゴラスの定理」（三角形の内角の和は二直角に等しい）にまで到達していたという。また「パスカルの定理」としてよく知られている「密閉した容器の中で、液体の一部に圧力を加えると、液体のすべての点で、加えられたと同じ圧力を増す」という科学的な事実を発見した著名な科学者でもある。また哲学者でもあった。

私がはじめて手にした『パンセ』は、その後買い求めたいくつかの『パンセ』とともに、いまも書棚に並べてある。一九四八年九月、世界文学社発行、定価二百五十円とある。当時はインフレのはげしい時代であったが、私の月給はたしか二千五百円か三千円くらいであった。収入の割には、書籍代はかなり高価な感じであった。私は通勤の途次、『パンセ』を愛読した。

『パンセ』はもともと、パスカルが「キリスト教の弁証論」を書く予定であったが、完成しないまま、三十九歳で亡くなってしまったので、その原稿をもとにして、友人たちによってまとめられたものであるという。

私はこの本の中の、いろいろなところで、深い感動をうけたが、その中のいくつかを書いてみよう。

その一つは「死」についてである。

私たちは、何となく、ある程度、いろいろなことを知り、わかっているような気でいるが、実はおそろしいほど、すべてに無知である。世界とは何であるか、私とは何であるかを知らない。私の体がどういうものであるかも知らない。私の感覚とは、私の魂とはどういうものであろうか。私が考えたり、またそれを反省したりする自分自身の一部分とは、どういうものなのか、私は知らない。

私は宇宙空間にかこまれているが、この広大なひろがりの中の一つの片隅につながれている自分を見出す。しかし何が故に、自分がこの場所におかれていて、他の場所ではないのかということについてもわからない。また、私の生きるべきものとして与えられたこのわずかな時間が、何が故に、過去から私へと続いた全永遠と、私から未来へと続いてゆくのであろう全永遠のうち、いまこの点に指定され、他のある点に指定されなかったのであろうか。すべてわからないことばかりである。私たちにわかっているたしかなことは、私たちはやがて、近い将来、死ななければならないということだけである。私たちは「死」という終着点に向って、一歩ずつ、毎日歩を進めていることになるのである。

次は「人生について」であった。

人間のすることは、すべてそれらを慰戯《いぎ》（あそび、たわむれ）と呼ぶことができる。

人の一生は、いわば一つのドラマである。日々の行為は慰戯ということができよう。自分自身がそのドラマの演出家であり、また演技者でもある。一人の人間がその人生をどう生きるかということは、その人間がその人のドラマをどう進め、どうしめくくるかということである。人生のフィナーレをどのようにして迎えるかは、自分自身の演出と、演技によってきまるということができよう。私たちは、そのドラマの最後の舞台——終幕——に向って、芝居を進行させているのである。

「友人」についても、次のようなことが、私の心に残っている。

真の友人をもつことは、身分の上下を問わず、きわめて大切である。真の友人というものは、身分の高い人にとっても、大変有益なものである。真の友人というものは、彼らのことをよくいってくれ、彼らのいない所でも、彼らを支持してくれるからである。そうであるから、真の友人を得るためには、あらゆる力をつくさなければならない。しかし、よく選ぶことが重要である。

真の友人を得るためには、まず自分自身の誠心誠意を相手に示す努力をしなければならない。しかし、真の友人とするにたるよい人を探し出すことは、かなりむずかしい、ともいえよう。よい人を得ないと、いくら努力しても、むだ骨となり、相手は逆に、友人の悪口をいうようになるであろう。

「死」、「人生」、「友人」について『パンセ』から、私が学んだことの一部を書き記したが、このほか多くの、人生にとってきわめて重要な問題点を学ぶことができたことを、私はいつも感謝の気持をこめて、思い出している。

『パンセ』にまつわる私の思い出の一つを最後に書き加えておこう。

ある日のこと、電車はいつものように混んでいた。が運よく席をとることができたので、私はカバンから『パンセ』をとり出し、読みはじめた。すると隣の席の紳士が、私の読んでいる『パンセ』を見ながら、「どこの大学に行っているの？」ときかれた。私はちょっとびっくりしたが、あまり深くも考えずに、真面目に、「研究所に勤めています」と答えた。話はそれで終った。ただそれだけのことである。私も若く、何となく恥ずかしいような気持で、それ以上の話はしていない。三十数年前のことである。いまでも、その時のことが若き日の、さわやかな思い出の一つになっている。

読書の効果の大きいことはいうまでもない。学ぶことは豊かになることであり、生きる楽しさを教えてくれるものではないだろうか。

結婚だけが人生ではない

つかの間の幸福

私たちは、いつも家族がみんな健康に、しあわせに暮らしたいと願っている。しかし、一人の人間の人生が幸福であったかどうかは、死ぬ時でなければわからない、ともいわれる。それは人間の一生というものは、それほど複雑であり、数奇であるということであろう。長い人生の間には、何がおこるかわからず、予測することのできない大きな変事に見舞われる場合が、少なくないからであろう。私の周辺にも、そのような実例をいくつか、見聞しているのである。

　子供のころ、経済的にも、精神的にも、大変恵まれた家庭に育った女友だちがいた。彼女は何一つ不自由なく、しあわせな生活を送っていた。「高等女学校」（いまの高校）を卒業すると、将来を嘱望されていた好青年と結婚し、子供も生まれ、幸福そのもののような新婚生活は、私たちをうらやましがらせたものであった。ところが突如として、子供を事故で失ったことが契機となって、家庭の中の秩序がみだれていった。陰気な家庭となり、家族の間の会話は失われ、平和なあたたかい家庭の雰囲気が消えていった。家庭がしだいに崩壊してゆくのを、とめることはできなかったという。彼女は、家庭の再建に努力をしたが、事態は悪い方向に進み、ついに離婚にまで追いこまれてしまった。その後、苦労を重ねたが、とくにのぞまれて再婚もした。しかし、そのご主人にも先立たれ、いまは一人静かな晩年を送っている。「長い廻り道をしたが、すべてはすぎ去ったことです。いまになって、ようやく自分自身の生活をとりもどしています」と語る彼女の目は、やっと昔のようなかがやきを、とりもどしつつあるように見えた。

また、もう一人の友だちは、大変まじめな青年と結婚した。ご主人は勤め先の上司からも信頼され、その片腕となって、朝早くから夜おそくまで、文字通り会社のため一生懸命働いた。エリート社員の道をのぼっているように見えた。ところがどうしたことか、いつの間にか汚職事件にまきこまれていった。小さな活字ではあったが、新聞紙上に実名で名前が出たあとは、家族までが周囲から白い眼で見られ、そのためにうけた精神的屈辱は、筆舌ではあらわすことができないほど大きいものであった。家族にとっては、ご主人の働きが優秀であることによる繁栄とまちがえたこともあった。つかの間の満ち足りた生活のあと、一挙に地獄の底に落とされた思いであったろう。働き盛りのご主人に全幅の信頼を寄せていた家族にとって、この事件からうけたみじめな思い、はずかしめは、かりそめの幸福のひとときの代償としては、あまりにも大きかった。奈落の底につき落とされた家族は、死をも考えたことが幾度もあったという。曲りなりにも立ち直るにはかなりの時間を要したであろうが、いまは昔の派手な生活を捨てて、全く別のこぢんまりした質素な生活にもどった。ささやかな暮らしの中に、ようやく平静をとりもどし、日々、生きるしあわせを探し求めている。「すぎた時間はもうもどりませんが、夢を見たとあきらめ、つましい本来の生活をしています」という。

結婚絶対の時代

私の青春時代は、戦争の連続であった。一九三一年にはじまった満州事変、一九三七年の支那事変（日中戦争）、さらに一九四一年の大東亜戦争（第二次世界大戦）、そして一九四五年の敗戦までの十五年間は、全くひどい時代であった。とくに私たち女性にとっては、希望のない、暗い、苦しい日々であった。

健康な若い男性は、みんな戦場にかり出されていった。将来を期待されていた有能な青年は、無理やりに戦場につれてゆかれ、結局はその大部分を失ってしまった。「戦争」というものの非人間性、残虐性を、私たちは痛いほど体験させられたのである。

当時はよき青年を見つけて結婚することだけが、女性にとっては最高の生きる道であった。そうすることが幸福の国への入国資格のように考えられていた。結婚しない女性は特殊であり、一人前の人間ではなく、むしろ結婚もできない気の毒な存在のように見られていた。このような時代に生きていた人間にとって、戦争はいうまでもなく実に非情なものであった。その中で、たとえ女性自身が自分の生き方に多少の疑問をもちはじめたとしても、すでにおそく、多くの女性は自立するための経済的な力もなく、どうすることもできない状態であった。

死んでいった男性は一番気の毒であったが、残された若い妻は、夫を亡くした悲しみの中で、多くの困難を越えて、子供を育てて、また時には姑の世話をしながら、一家の柱となって生きてゆかなければならなかった。とくに生きてゆくための生活技術を習得していなかった当時の多くの女性は、まさに生き地獄というべき環境の中に、ほうり出されたのであった。大変なご苦労であったろう。

国内ばかりでなく、外国の女性にも目をむけてみよう。

別項にも、そのひととなりを詳しく述べてあるが、ソーニャ・コバレフスカヤは著名な女性数学者である。ロシアの上流社会に生まれたソーニャは、乳母や家庭教師にかこまれた幸福な少女時代を送った。数学にとくに豊かな才能を発揮したが、国内では入学する大学がなかった。当時は、外国へ留学したくても、女性一人では国外に出ることはできなかった。そのころ、向学心に燃える女性たちにとっては、「名義結婚」をして外国へ出ることが、許されたただ一つの方法であった。ソーニャは「コバレフスキイという青年と「名義結婚」をしてパリに出た。二人はパリで別れて、それぞれ希望する別々の大学に入学し勉学にはげんだ。のちに二人は実際に結婚をし娘も生まれたが、結婚生活は長続きせず、その上、別居中に夫は自殺という不幸に見舞われた。しかも、彼女のすぐれた才能は、祖国ロシアではなかなか認めてくれなかった。

しかし、学問研究の道を志し、自分の能力を社会の発展に役立てることを目的として、ひたすらはげんできたソーニャは、大きな不幸にも敢然と立ち向った。三十四歳の時、ストックホルム大学の正教授となり、学生たちへの講義にも、明るいソーニャの顔があった。四十一歳で亡くなるまでの七年間、彼女はここを活動の本拠として暮らした。その間、三十八歳の時、それまでの偏微分、楕円《だえん》積分の研究業績が高く評価され、パリ科学アカデミーからボルダン賞を授けられた。また三十九歳の時、ロシア科学アカデミー準会員に選出された。さらに文学の才能にも秀でていたソーニャは、評論や文学作品の創作活動等、多面的な活動を始めた。

四十一歳という若さで亡くなったソーニャの才能は惜しむに余りあるが、困難の中で若い時に数学者として、プロとなる習練をうけたソーニャは、人生の目的を定めていない他の女性にくらべたら、多くの困難はあったであろうが充実した生涯を送ったということができよう。もし彼女にプロとしての力と精神がなかったら、その人生は大変みじめなものになったであろう。彼女を救ったものは、学問への専念であり、それが彼女の生きる支えとなった。

マリー・キュリーについても同様に、夫ピエールの急死のあと、彼女を支えたものは、科学者としての道を歩き続けることであったと思う。

人生への準備

女性自身が、毎日、誠実な生活をいとなむことは、それ自身、きわめて大切なことである。しかし、それが自分を犠牲にして、ただひたすら夫のため、家族のため、そして家のためにのみ、一生懸命に働いているとするならば、それは必ずしも、しあわせをつくり出す原動力とはならない場合もあることを考えねばならない。結婚にだけ将来の人生を賭けていることは、いかにもはかなく、砂の城を空想しているにすぎないのではないか。

結婚は、将来、よい男性に遭ったときに考えればよい。もし、そのような機会に出会わなかったとしたら、無理に、結婚を考えなくてもよいのではないか。

結婚するにしても、しないにしても、それはそれとして、自分自身の人生を送るための準備は、若いうちにしておくことは必要であろう。男性は子供の時からその準備をし、大学進学時には、ほぼ将来の希望をきめている人がほとんどである。女性も男性と同様に、自立のための特技を習得しておくことを考えておくよう、おすすめしたい。戦前の女性の生き方は、多くが男性に依存していて、女性自身の自立、あるいは独立ということを深く考えていなかったように思う。

敗戦を境にして、いまは法律的にも男女平等がうたわれた。女性自身の自立ということが、経済的にも、社会的にも、その重要性が多くの人に、深く認識されるようになった。

私が医者になりたいという考えに、母が全面的に賛成し、応援してくれたのは、母の社会的経験からきたものが大きいと思う。それは、戦争中のことであり、女性の自立を考える社会的な背景は、十分にととのいつつあったように思う。自分の娘が、自分の死んだ後も、長生きして幸福に暮らしてほしいということは、すべての親の願いである。長く戦争が続いた混乱の世の中で、どんな不幸な事態が訪れようとも、あまりみじめな暮らしをしてもらいたくない、という切実な親心であったであろう。若い娘が、自分の力で、その不幸なできごとに対処できるような、職業教育をしておきたい、と考えるのは、一人の人間として、後輩の人間へのあたたかい愛情ともいうことができよう。

母が亡くなってから三十年が経過した。きびしい母であったが、その母によろこんでもらえるような仕事をしなくては、と思うこのごろである。

専門職をもつことのすすめ

職場における男女格差

働く女性が急激に増えている。東京都民についての調べでは、女性の有業者は一九五万人である。有業者総数の五四三万人に対し、女性は三六％を占めていることになる。有業者が三人いれば、その中の一人は女性である（一九七九年の調査）。

働く女性のうち、配偶者のある人は、東京都では約五五％、全国では六六％を占める。子供の有無については、夫が三十歳以下の世帯では、子供のいない家庭の主婦の五三％、子供のいる家庭では二六％が働いている。夫の年齢が三十一歳から五十九歳では、末子が六歳未満の家庭は、主婦の三三％、子供が六歳以上の家庭で四八％、子供のいない家庭では四八％の主婦が仕事をもっていることになる。子供の有無や、子供の年齢が、主婦の就業に大きい影響を与えていることを示している。

昔のように、結婚をして、子供を育てて、家庭の管理をするだけで、一生を終る女性が、だんだん少なくなってきたのだろう。

結婚して、子供が生まれても、子供は保育所に預けながら、仕事を続けている人もいる。また結婚とともに退職し、生まれた子供を育てることに専念し、家庭の管理をしていた人が、子供の成長とともに子供から手がはなせるようになり、ふたたびお勤めに出るということが多くなった。一般的にいえば、女性のライフ・サイクルがときとともに変わり、いちおう、子育てが終った中高年の女性が、ふたたび職場にもどりはじめているのである。

なぜ女性は、ふたたび働く道に進み出しているのであろうか。時代の移り変りとともに、働くことは、それに応じた収入を得ることである。時代の移り変りとともに、子供の高等教育や、家庭生活・管理等にも、かなりの費用を要するようになった。あるレベルでの生活を保つためには、男性一人の収入ではまかないきれないということもあろう。

しかし、収入の増大だけを目的として働きに出ているのではない人が多い。たしかに生活のことも大きな問題であるが、女性にとって同時に重要なことは、自分自身の仕事をもつことであり、それは、人生に対する充実感をもつことができることにあるのではないか。仕事をもつことで、女性も社会の動きから、とり残されてはいないという存在感が与えられ、ささやかながら自分の能力を家庭内の、いわば閉じた家の中だけに生かすのではなく、やや広い社会に役立てることができる、ということを実感することは、生きるよろこびの一つであろう。それは昔の多くの女性が味わうことの少なかった人生の、一つの側面でもあろう。

しかし、実社会は男性優位であり、いまだに、きわめて封建的である。それは私の職域である学問研究の社会だけではない。すべての職場では、待遇の面できびしい男女の格差のあることを知らなければならない。地位上の格差をはじめ、賃金についても、不当な不平等が存在するのである。

採用時における賃金を見ると、高校卒では、女子は男子の賃金の九五％である。勤労年数が増すと、賃金格差は拡大し、一九八〇年には、女子の賃金の平均を見ると、東京では男子の五五％、全国平均では五四％と、約半分になってしまう。

職種別に見ると、看護婦、経理事務員、英文タイピスト等の専門職にある女性は、他の職種にくらべると、比較的賃金が高い。看護婦の場合は平均一八万円で、女子としては高額の部類に属する。しかし、男子の同職種に対する平均給与の約二三万円にくらべれば、二〇％以上も低いことになる。

また女子の専門職でも、洋裁師や美容師等は、雇用者の場合は給与が低い。

年齢別に給与を見ると、男子は五十四歳まで順調に上昇する年功型賃金であるのに対して、女子の場合は四十歳から五十歳の給与は平均して、男子の半分にしかならない。女性の場合は、結婚することによる離職、そして中高年になってからの再就職ということが、給与の格差に大きく影響していると思われる。

採用時における男女差

男女の教育の機会均等制度がしかれてから、約三十年が経過した。四年制大学に進学する女子学生は二三％になった。短期大学では、女子は実に九〇％にも達したのである。大学院修士課程に進む女子学生は一三％、さらに博士課程に進む女子は八％となった。女子学生数は、年々増加の傾向にある。しかし、男女平等であるのは、大学に入学するまでのことである。大学を卒業して、いよいよ社会人として、その能力を発揮しようとすると、きびしい差別が存在する現実に、はじめて直面することになる。

女子雇用者が増大しているにもかかわらず、依然として、採用時における男女差別がきびしく存在する。

一九八一年の調査によると、高校卒に対して採用を行なったのは、全企業の約五一％であったが、そのうち、男女をともに採用したのが五四％であった。つまり約半数が、女子を含めて採用をしている。

大学卒業生については、公募した企業は全体の三三％であった。そのうち、七三％

は男子のみを公募した。男女を公募したのは二六％、女子のみの公募は一％であった。男子のみを公募した理由は、高校卒、短大卒の女子で十分に間にあうので、大学卒をとる必要を認めない、というのが五五％で、大学卒を配置する職種は男子のみに限っているので、女子のポストはないというのが二五％、女子の大学卒は勤続年数が短いとするのが一五％、大学卒は幹部要員の採用に限っていて、女子は幹部にはしないというのが八％であった。

大学卒について、男子のみを公募する理由は、女子に与える仕事がないとする企業の傾向は依然として根づよく、大学卒の女子にとっては、職場を得ることがむずかしい。大変困ったことである。

大学に入学するまでは、ほとんどが男女共学であり、男女差別についてあまり深刻に考えたことがなかった女子学生にとっては、大学卒業時になって、はじめてきびしい現実をみることになる。不当な男女の差別について、はじめて考えさせられることになる。

「手に職」の思想

昔の人の中には、女の子にもいちおう「手に職をもたせた方がよい」と考えていた人がいた。その女の子の人生が順調の場合には、その「手に職」は、実生活に活かすことはないが、万一、結婚した相手が亡くなったような場合には、即座に「手に職」が役に立って、危機をいちおうのりきることができるであろうと考えていた。そして、「手に職」をもつことは、不幸な事態に見舞われてからでは間にあわないので、若い時にきっちりとしつけておくのがよいと、思っていたのであろう。

私は、はじめは女医になることを志望していたが、偶然なことから現在の道を選んだ。母は私が女医にならなかったことを大変残念がった。私が女医になるよう母がのぞんだのは、娘が「女医という最高の手に職」をもつことに賛成してくれていたからである。戦争中であり、子供をかかえた未亡人が、みじめな生活を余儀なくされていた悲惨な有様を、私たちはいやというほど、沢山見てきたからである。女医であれば、社会がどんな事態を迎えても、他人にたよらず自立して暮らすことができると、母は思っていたのであろう。

私は以前から、女性も何か一つの専門、あるいは特技を身につけるのがよいと考えてきた。専門職としては、何を選んでもよい。自分に適したものを選ぶのがよい。昔から伝統的な専門職に、小・中学校の教師、幼稚園の保母がある。このほか女性の弁護士、女医は社会的に高い評価をうけている。またジャーナリスト、写真家、建築家等も最近は少しずつふえている。科学研究者もわずかながらふえてきた。

全体的には、専門職に働く女性が、少しずつではあるがふえているので、大変たのもしく思っている。この傾向が少しでも向上しながら続くならば、女性にとっては、将来はやや明るくなるように思う。しかし、社会のしくみは、まだまだ封建的であり、男性支配がつよく、昔からの男尊女卑の慣習が根づよく存在している。きびしい男女差別がいろいろな面に、存在しているのである。このような環境の中で、女性が自分の能力を十分に発揮して、効率よく働くためには、専門の技術を身につけておくのが、得策であろうと思うのである。

「科学研究」という専門職

専門職の中で、ここで、私が長いこと従事してきた自然科学の研究者という職種について少し考えてみよう。

一般に、科学研究という仕事は、女性には適していない、むいていないとよくいわれる。理論を重ねていくような仕事は、女性にはむかないと思われている。しかし、男性と女性の別は、単に生物学的なもので、人間としては本質的な違いがあるわけではない。男性女性の差別というのは、社会における慣習や制度の中から生まれたものにすぎない。

社会の中で男性は、政治的にも経済的にも権力を独占してきた。女性は男性のしもべとして、男性に隷属させられるという社会制度がとられたことが、男尊女卑の原因となった。女性は長い間、社会的に抑圧されてきたため、あたかも文化的な活動能力がないかのような錯覚をかもし出した。

しかし、十八世紀末ごろから、男女差別をつくり出した社会的慣習や制度に対する反省が生まれ、さらに二十世紀になってから、これらの差別を解消しようとする動きが活発になってきた。その動きは最近では、一九七五年からの十年間の「国連婦人の十年」が設けられ、あらゆる形態の婦人の差別を、すみやかにのぞくための条約が国連から提唱された。多くの国がこれに加盟し、批准した。その中にあって、日本は条約には調印したが、いまだに国会では批准していない。一日も早く、この条約を批准し、実質上の男女平等に対する積極的な政策を、樹立することを要望したい。

科学研究の仕事は、文学や芸術と同じように、創造的なものである。女性を家事や育児の負担から解放することができるような社会福祉制度を、もう少し充実させて、安心して研究に専念できる環境をつくることができるならば、女性の活動を飛躍的に大きくすることができるであろう。これは科学研究に働く女性に対してだけではなく、働くすべての女性に対して、考えられなければならない施策でもある。

女性科学者の社会への進出

女性の社会的進出率が最も高いのは、ソ連である。モスクワ大学理学部についてみると、学生一万三千人の中に、女子学生が約半数を占めているのは注目すべきであろう。

自然科学系の仕事に就いて働く女性が多く、とくに医療技術関係では医師が七五％、看護婦を含めると八五％の多きにのぼる。女性科学者は二二万人で、科学者総数の四〇％、博士は五千人で総数の一五％、修士は一一万人で総数の二八％の多くを数える。ソ連科学アカデミー会員は、日本学術会議会員とは選出方法等が異なるが、女性会員、準会員、教授を含めると二千九百人で、総数の一一％になっている。上級の女性研究者は一万四千人で総数の四八％にも達する。女性の上級研究者を多数得たことが、ソ連の科学的レベルを向上させることに、大きな貢献をした。

私はいまから一七年ほど前に、はじめてソ連を訪れた。モスクワで第二回国際海洋学会議開催の前後の約一カ月間、ソ連の婦人が、あらゆる職場に広く進出している有様を実地に見て歩くことができた。当時はまだ、モスクワへの飛行機の直行便は就航していなかった。私たちは横浜からナホトカまで、船で約二日間の船旅をした。ナホトカから夜行列車に乗り、ハバロフスクに行き、飛行機にのりかえモスクワに到着した。

横浜からナホトカに向う「バイカル号」の船内では、食堂のウエイトレスをはじめ、多くの女性が働いていた。日本では船員といえば男の職業とされているので、私が少々おどろいたのは、バイカル号の船員一〇名のうち、七、八名が女性であることだった。ソ連の海洋観測船はたびたび日本に寄港している。どの観測船にも、多くの女性科学者が乗船し、研究に従事している。その多くは既婚者であり、夫と子供を故国においての出張観測である。出張期間は数カ月から、長い時は一年間も家族と別れての調査研究である。

ナホトカからハバロフスクに向う夜行列車の車掌も、女性であった。モスクワの国際会議場では、大型の撮影機を肩にかついで、会議の記録映画を撮影していたのが女性であることにもおどろいた。撮影機はかなりの重さであり、相当な重労働であるに違いない。

ホテルでは、各階で部屋のカギを管理している人がすべて、かなりの年輩の女性であった。働くことができる健康な女性は、老いも若きも、いろいろな職種で働いていた。男女、老若を問わず、すべての能力を、有効に結集させている国策が窺えた。

アメリカにも私は何度か訪れた。一度は一年ほど滞在し、カリフォルニア大学スクリップス海洋学研究所で、海洋学の研究に従事した。その間、私は米国内を旅行し、多くの女性がいろいろの職場で、活発に働いている様子を見てきた。ソ連にくらべれば、科学の分野に働く女性は少ないが、それでも一〇％弱くらいになっている。しかしケネディ大統領時代の、一九六〇年代から科学教育の改善、性による科学研究者の待遇の差別撤廃、女性科学者を積極的に登用する等の方策を進めてきた。

アメリカ科学アカデミーの創立は、一八七三年と古いが、女性会員をはじめて選出したのは一九二五年であった。最近は、年々、指名追加される会員の中に占める女性会員の比率を高めている。一九七七年には女性新会員の比率は七・七％、一九七八年には八・三％とし、現在、女性会員は三三名となった。会員総数は一二二五人である。女性会員の比率は三・三％である。

日本学術会議会員の選出方法は、米・ソの科学アカデミーとは異なるが、一九八一年に、二一〇名の会員の中に、わずか一人の女性会員（筆者）をようやく選出した。このはなはだしいおくれは、早急に改善されなければならない。

ソ連の女性があらゆる分野で働くようになったのは、革命後のことである。アメリカでは、第一次大戦後のことである。日本は第二次大戦後にのびた。いずれも法律上における男女の同権と、男女の教育上における機会均等が達成されたことによるのは、いうまでもない。

科学研究という仕事が、文学・芸術分野と違うところは、とくに自然科学系では、実験設備を必要とすることである。とくに最近は、大型で高価な設備が開発されている。したがって、自室の片隅で仕事をすることはできない。また近年、研究を集団で進行させる傾向にあるため、そのプロジェクトに参加することが、研究を進展させる上に、要求される一因子ともなりつつある。

女性の潜在能力

専門職にある女性の数は、科学研究の分野を含めて、まだ少ない。いいかえれば、それだけ専門職にある彼女たちのかかえている問題は多いということができよう。働く女性の問題点の一つとして、とくに専門職にある女性については職業意識の低さが指摘されているが、これは女性の能力は低いものであるとの固定観念が、社会の通念となっていることによる。つまり女性を責任ある地位へおかないことの理由づけとも見ることができよう。

最も根本的な問題の一つは、男女を問わず、すべての人の能力を十分に開発し、社会的に役立てさせることである。人々の能力を開発することが、その社会の進歩をもたらすだけでなく、種々の分野における人間集団を含めて、社会全体の進歩につながるのであるという国民的認識を広く、深く、ひろめてゆくことが大変大事なことである。

人間の社会が、男性と女性とから構成されているのであるから、今後、社会が発展するためには、あらゆる分野における女性の潜在能力をひき出す以外に道はない。男だけが働いている社会と、男性と女性が、ともに働いている社会と、どちらがよいかは自明のことである。女性の社会的貢献度を高めることは、男性と女性の間の不当な格差を、いくらかでも小さくすることに役立つであろう。

私が女性の社会的地位の向上を願うのは、女性のためだけを考えているのではない。女性の権利を拡大して、男性の権利を小さくするものでもない。男性と女性が住む社会において、女性だけが、とくに不当な差別をうけるようでは、よい社会づくりはできないと思うからである。

自立への道

過保護とは

青少年が一人の人間として自立してゆく過程は、一人一人、人によって違うであろう。青少年の非行が、今日社会的に大きな問題になっている。非行になぜ走るかという原因は、複雑多岐であり、問題の根はかなり深いに違いない。いずれにしても、子供が大人になるために脱皮してゆく、いわば自立の過程における問題の一つということができよう。

原因は何であれ、非行に走る青少年たちを、正常の生活に立ちもどらせるのは、一通りや二通りのお説教では、とてもむずかしいであろう。父母・兄弟・姉妹や友人などからのあたたかい人間愛と、人間相互の信頼感がなくては、問題の解決は不可能であろう。

私はこの種の問題をきいたり、読んだりするとき、いつも自立への道を探し求めて、なかなか見出すことができず、またそのことを相談する相手もなく、悩み苦しむ青少年を痛ましく思う。と同時に、私はその青少年の母親にも思いが走り、その心痛はいかばかりかと胸が痛くなるのである。

それは何故なのであろうか。青少年の母親たちの年齢が、私に近いこともあろう。また同じ女性の立場で、ものを考えているからかも知れない。母子にとっては、最も苦しいできごとの一つであろう。先に生まれた人間の一人として私は何も手を貸すことができない、そのふがいなさもあるであろう。

非行とは表裏をなすかと思えることに、「母親の過保護」がまた、社会的に問題にされている。女親が子供を甘やかしていることが、子供の正常な成長を阻害しているというのである。過保護が子供の自立をさまたげているというのは、何故なのだろうか。私にはあまり納得できないことである。

たしかに、最近、男子の青少年の意気地がなくなってきているようである。大学の入学試験にも、また就職試験にも、母親がつきそってゆくときいた。古い教育をうけた私などは、ただおどろくばかりである。昔の大学生にくらべると、いまの大学生はいろいろな面で、かなり幼い感じがする。とくに自立の精神に乏しいことは、その特徴の一つであるといわれている。日本人の寿命は驚異的な速さでのびている。男性は七十三歳、女性は七十九歳となったが、寿命ののびとは逆に、人間の精神の成長は年々おそくなっているのではないかと思う。いまの大学生は、昔の中学生と精神構造が、ほぼ同じくらいなのではないかと、いう人もいる。つまり昔の大学生との違いは、いまは大学生といえども子供であり、大人としての意識が低く、昔の中学生以下で、自立心がきわめて希薄だというのである。

大学の入学式ともなると、新入生のほとんどは、一人以上の父兄等をともなって出席するという。大学側では、新入生の二倍以上を収容できる会場を用意しなければならない。大学によっては、新入生の随伴者は二名以内と制限をしているという。一人は父兄のためであり、他の一名は恋人のためであるとうわさしている。また私立大学においては、父兄会がつくられているところがある、年に何回か会合が開かれ、大学当局からは理事長、学長、教授が出席し、父兄と懇談する機会をもっている。大学の側も、大学生とだけの対応では何となくたよりないこともあり、父兄と直接話しあえる機会をもつことを歓迎している。父兄の側からも、自分の子供に対する不安感があるので、大学側からの直接の情報交換をよろこんでいるようである。

入学試験や就職試験についてゆく母親の方では、たぶん、子供の力に信頼がおけず、心配のあまり子供についてまわるのであろう。一方、子供の方は自分の力に自信がなく、なんとなく不安であるから、親についてきてもらいたいのであろう。要するに、親も子も両者の間の相互信頼感がなく、親も子も、自信を喪失しているのではなかろうか。世間では親の子に対する過保護が、この現象の原因の一つであるとしているが、果して、そうであろうか。

可愛いがること、自立させること

親が子供を可愛いがり、保護するのは、次代を継ぐ子供が一人前の人間として、身体的、精神的にも自立し、成長してゆくことを期待し、若者をたすける愛の行為である。

その限りにおいては、保護のしすぎ、いいかえれば、過保護ということはあり得ない。この愛の行為によって、子供は一人前となってゆく。親と子の間に、人間としての相互の信頼感が生まれてゆくのではないかと思う。子供は親からさずけられた生活の知恵を、自分のものとして、大人の世界に入ってゆき、しだいに一人だちしてゆくのである。

しかし、今の親子関係の多くは、おそらく前述のような人間同士の関係ではなく、ペットとその飼主に近いのではないかと思う。親は子供を猫可愛いがりし、子供の方は親たちを、単に好きなおいしい餌をくれる親切な飼主ぐらいにしか思っていないのではないか。そこには、人間の先輩後輩としての関係は薄く、飼主あるいは馴致（飼いならすこと）の行為はあっても、愛情をもってはぐくみ、自立してゆくための一人の人間を、保護しているという行為はないのではないかと思う。

私は三月末の生まれなので、同級生とくらべれば体は小さく、ひ弱であった。その上、十歳も年のはなれた一人の兄との二人兄妹であったので、家中では、むしろペットのように可愛いがられて育った。雨や雪が降れば、母親かその他家の人に背負われて、小学校まで送ってもらった。お昼にはつめたいお弁当がきらいな私に、いつもあたたかい湯気のたつお弁当がとどけられた。遠足の時には、乗り物に酔う私を心配して、たいてい母親がついてきてくれた。いまからふりかえってみれば、過保護のきわみということであった。

しかし一方では、親たちは、人間としてのけじめだけは教えることを忘れなかった。

自立の精神を育てることと、親が子供を可愛いがるということとは、お互いに相反するものではない。両者あいまって、子供たちは正常に成長してゆくのではないか。

私たちは親の愛情をうけながら、自らは自立の道を探し求め、また自分の歩んだ道をふりかえりながら、また未来に向って生きてゆくのである。

よい友は人生の最高の宝

人とのめぐりあい

今年（一九八三年）の干支《えと》は、癸亥《みずのとい》である。十干十二支を組み合せて、干支がまわっているから、同じ干支を迎えるのは、六十年毎になる。数え年六十一歳の時、還暦となる。私は庚申《かのえさる》であるので、三年前に還暦をすごした。

六十年という年月は、客観的には、実に長い時間であるが、実際にすぎてみると思いのほか短く感じるものである。私も、もの心ついてから、まだ、わずか十年か二十年くらいしか生きていないように思えるのである。したがって、老人の多くは、若い人が考えているほど、自分が年老いているとは思っていない。老人の大部分が気が若いのは、このためかも知れない。

しかし、感覚的にはどうであれ、現実には長い時間をすごし、いろいろなことを考えもしたし、また多くの体験をした。私自身、すぎ去った日々をふりかえり、自分の心を満たしたものは何であったか、また後に残るような、何か役立つことをしたであろうかと考えてみると、特別なものは何もなく、内心忸怩《じくじ》たる思いである。毎日、精一杯、誠実に暮らしたつもりであるが、小さい小さい満足感を得ただけで、大きい不満足感が残った。私の能力の低さがそこには大きくかかわるのであるが、私の人生にとって一番大切なものは何であっただろうかと、改めて問い直してみるこのごろである。

もの心ついてから、今日までの五十年余の間に、私は多くの人にめぐり会った。小学校入学のころから、女学校、さらに専門学校を出るまでの約十五年間の学園生活における先生方とクラスメイトとの出会い、さらに研究室勤めをはじめてからの四十年間、研究指導をいただいた先生はじめ研究室の同僚、学界における国の内外の研究者とも親しくおつき合いさせていただいた。また研究生活には直接関係のない友人をもつこともできた。これらの諸先輩、友人の中で、人間として立派な、尊敬することのできる魅力ある方たちにお会いすることができたのは、私の幸運であった。

別項でくわしくふれるが、小学校の担任の三人の女の先生の、子供をかかえての、日々誠実な働きぶりには、私たち生徒も多くの感銘をうけた。研究室で働くようになってからは、研究指導者である三宅泰雄先生の、人間を大切にするお考えを基盤とした、科学者としての日々の実践と行動に、私は深い感銘をうけ多くを学んだ。「人間とは何か、科学者は何をすべきか」は、私にとっては永遠の命題である。本年四月、七十五歳になられる三宅先生の、いまも変わらぬ人間味あふれるあたたかい言動は、いつも怠け者の私を叱咤激励して下さる蔭の声である。

私は戦争に協力することがいやで、三宅泰雄先生にお願いし、中央気象台研究部に就職させていただいた。戦争のない平和な世界に住みたいと願ってきた。人間が他の人間に抑圧されずに、自由、平等に生きることのできる社会を求めてきた。このような社会づくりに最も大きい妨げとなるのは戦争である。戦争になると、いつも最悪の被害者になるのは女性である。戦場にこそ行かないが、最も大きな犠牲を強いられるのが女性である。男性、女性の別なくお互いに人権を認めあい、平等に、平和に、自由に生きたいものである。

友情を大切に

若いころ、私は医者になろうと志していたこともあった。が、別項で述べるように偶然なできごとをきっかけとして、私は人生の進路を変更し、理学系の学校に進学、卒業後は研究者としての道を歩むこととなった。人生はなかなか計画通りにはゆかないと、よくいわれる。私の場合も、私がはじめに考えていた女医への道を自ら捨てたのである。しかし、それが逆に私にとっては、より適切な道を選ばせる結果となった。

あの時、私は女子医専に進まなくて本当によかったと思っている。あの日、女子医専の校長である女医の先生から教育者としては暴言ともいえる言葉をいただいたことに、私はいまではむしろ感謝したい気持である。

私は大変運がよかったと思う。私が人生の岐路に立った時、私のまわりにはいつもよきアドバイスを下さる立派な先生やよき友だちがいて、私が進むべき方向に、船首をまわしてくれた。また、その成りゆきをあたたかく見守ってくれる父や母がいた。私があたかも順風に乗って、広い海原を自分のかじで航海しているように見えるのは表むきであって、実は立派な先生やよい先輩、友人を含めた、広い意味の「よき友人」が私を支えてくれているからである。よき友人とのめぐり合いに、私はいつも心の底からの感謝をささげている。人生における最高の財宝は「友人」であると、私は思う。人との出会いは、その意味において楽しい。人生は、その貴重な財宝を探し求める旅ともいうことができるのではないか。

アンドレ・モロアは、その『友情論』の中で、師と弟子との関係を、友情の最高の形式であるという。彼はアランという先生をもつことができたことを感謝しながら、次のように述べている。

「私は彼（アラン）と同じように考えるというのではない。重要な意見の違いもある。

しかし、私は、彼の考え方や好ましい偏見を、自分のやしないとすることを、やめたことはない」

さらに、「思想の師を入念に選んだ上は、論ばくするのではなく、まず理解することを試みる。なぜなら、精神的な友情においても、忠実さなくして、永遠の幸福はないからである」

最も尊敬することができる人間像としては、人間としての誠実な心をもつ人であろう。人間の魅力は、その人の学歴や社会的地位とは無関係の場合が多い。たとえ学歴は低くとも、心から尊敬できる人もいれば、その反対に、学歴や地位が高くても、権力をふりかざすなどの低級な人もいる。友情は、長い間の、人間としての心のふれあいの積み重ねである。地位を失った時や、困難に直面した時こそ、友情が底力を発揮するのである。お互いに、友情を大切にし、はぐくみ、よい珠玉にみがき上げる努力を忘れてはならない。

女性も社会に目を

戦争の経験

戦前、戦中をすごした女性に共通であったと思うことの一つは、生活してゆく間に、何かいやなこと、つらいことがあっても、そしてそれがたとえ多少不合理と思われることであっても、いつも、じっと辛抱して暮らすことであろう。そうすることが、人間として、とくに弱い立場におかれている女性としては、まわりの人に迷惑をかけない、波風をたてない生き方であるとされてきた。何やかやと批判的なことをいうのは、女だてらに「はしたない」生き方として、むしろさげすまされていた。それが、戦前の日本の教育、とくに女子に対する教育の基本であった。その効果は、長い伝統をもって、いまも根づよく生きているということができよう。

敗戦後、私は東京都大田区に住んでいた。私鉄のもよりの駅まで歩いて十二、三分の距離の郊外であった。雨が降れば、ぬかるみに靴がすっぽりと入ってしまい、大事な靴をどろんこ道にとられてしまいそうな悪路に悩まされながら、毎日勤めに通った。靴は新しいものが市販されていたが、高価で手が出なかった。古い靴を修理して、大事に使っていたのである。

大田区はいうまでもなく、東京都内であったが、家のまわりには畑が広がっていた。ガスも水道もなかった。水は手押しポンプで、レバーを上下して、ガチャガチャと水をくみ上げていた。炊事、洗濯の水はいうに及ばず、お風呂の水もこの手押しポンプでくみ上げるのであるから、風呂をたてるのは大変な重労働であった。洗濯機はまだない時代であった。大きなたらいに水を入れ、洗濯板という凸凹の板の上でよごれた物をこするのであった。

炊事や風呂の燃料は薪や石炭を用いていた。少しあとになって石炭はコークスに代った。石炭は沢山の煤《すす》が出るので、時々エントツ掃除屋さんにきてもらわなければならない。煤がつまると、火がよく燃えず、風呂がわかずに困った。一番困ったのは、何といっても便所のくみとりであった。幸い、近くに農家があったので、とくに頼んで定期的に契約し、始末してもらった。

食物も不足であったので、休日には近郊にお芋などを買い出しに出かけていた。ただ食べて、ようやく生きながらえているような日々であった。こんなみじめな生活が、敗戦後七、八年は続いていた。

家のまわりは畑にかこまれていて、田園風景の、のんびりした環境にあった。工場などもないので、汚染や公害問題などは全く考えたこともなかった。空気がよく、澄んだ青空が広がっているのが、唯一のとりえのような所であった。そのころは、大田区だけでなく、都内のアチコチに、まだ未開発の地域がいくらも存在していた。都民税はおさめていても、都民としての恩恵はうけていないような時代であった。

日々、食物を集めたりして、生きてゆくことにのみ追われていた時であり、また何ごとも辛抱するように教えられてきた私たちは、このような暮らしの状態について、これを政治の貧困に直接むすびつけて考えたことは一度もなかった。こんな不便なところに住んで、こんな貧しい生活をしているのは、すべて自分たちの働きのないため、能力のないためと考え、女性をはじめとして、男性たちも自らを卑下する心であきらめていたのであろう。

ようやく最近になって、女性たちも、少しずつ目ざめてきたのは、たのもしい限りである。女性たちが、自らの人権を主張するようになってきたのは、人間としてあたり前のことである。それだけ人権を重視するようになってきたということでもある。

有権者としての自覚を

女性が選挙権をもつようになって、すでに三十数年がたった。選挙のたびに、女性の政治意識は少しずつ向上していったように思えるが、政治家の考え方や姿勢は向上しないばかりか、逆に低下したともいえるようなところがあるのではないか。

　女性有権者の数は、男性とほぼ同数であるので、各政党も選挙になると、女性有権者への関心が急に高くなり、女性に対する態度が変わってくるようである。選挙に際しての各党の政策の中に、重要項目の一つとして、女性に関するものが必ず含まれるようになった。しかし、その中には、かなりずさんなものもあるので見逃してはならない。それが真に、女性に対して建設的なものであるか、女性の人権を重んじたものかどうかを読みとらなければならない。ただ鵜呑みに表面だけを見るのではなく、常にきびしく監視することが必要である。

　女性の票は、よく浮動票といわれる。それは、女性の政治的意識が低いので、候補者、あるいは候補者をとりまく人の甘言に乗せられやすいということを含めて、多少揶揄《やゆ》しているのであろう。しかし、私はそうは思わない。女性の票が浮動票のように見られるのは、政治的意識の低さだけではない。女性たちが政治家に要求していることとは、女性たちにとっても、よい政治をしてほしいということである。それは女性たちばかりではなく、社会全体がよくなることでもあるからである。基本的には、清い政治、正しい政治、そしてわかりやすく、国民をだますことのない政治をしてほしいと思っている。

国民のための政治を考えるならば、汚職などはおこるはずはない。政治家が権力を利用して自らの財産を増加させたりすることに浮身をやつしているなどということは、あってはならないことである。私たちは清廉潔白な人物で、私利私欲に目を向けることのない、公平無私の政治家で、正当な言動のできる人を期待している。それは所属する政党を越えて、私たちの生活を守る立場をとることのできる人格者を求めているということである。

これらは総合的結果として、男性側の立場から見ると、女性の票が浮動票に見えるのかも知れない。つまり、女性たちは、きわめて現実的であることの一面を示しているのではないか。

女性たちが、もっと社会的に目を開き、発言し、行動してゆくようになる日を期待している。

Ⅱ　学ぶことの素晴らしさに向けて

研究者の社会的責任

戦時下の研究室

私は偶然の機会から、研究者という職業について約四十年間、地球化学の研究に従事してきた。現在もひき続き、その延長線上を歩んでいる。できれば、生命ある限り、研究を続けたいと考えている。しかし若いころから、このような考え方が固まっていたわけではない。

研究室に勤めはじめのころ、私はあまり世間のことを知らずに、毎日、研究室に通っていた。その時々をただ一生懸命、夢中で生きていた。戦争に協力することはいやであったが、長い人生をどう生きてゆくかということについては、しっかりした計画もなく、さほど真剣に考えたこともなかった。私自身が研究者として、将来一本立ちする、あるいは独立したいなどとも、深くは考えたことはなかった。立派な科学者の下で、研究のお手伝いでもできればよい、というくらいの軽い気持で、いたって気楽にすごしていた。

研究室で一生懸命勉強して、自分のしていることが何らかの役に立つよう願いながら、精一杯の毎日であった。それはたとえ、むずかしく、つらい仕事であっても、研究はやがて人々の福祉に役立つであろうという期待をもって、努力を重ねていた。私のした仕事が、研究室内で少しでも評価されることがあれば、それは私の最高のよろこびであった。

　勤めはじめた翌年（一九四四年）の春から、研究室は戦時研究「霧の研究」に参加した。北海道の東端、根室で霧に関する一大観測が展開された。根室は海霧（ガス）の濃い所である。ガスがかかると二メートル先が見えなくなる。北大の故中谷宇吉郎先生の研究室、陸軍気象部、中央気象台等が協力したプロジェクトが進行していた。飛行機の離着陸に妨害となる霧を消散させることが研究の目的であった。百名以上が根室の野外観測に参加していた。私も参加の機会が与えられ、一カ月あまり、根室に滞在した。霧を通して地上に到達する紫外線量と、霧の厚さとの関係を知ることであった。戦時研究ではあったが、私は戦争に役立つ研究に協力しているという意識は全くなく、純粋に基礎的な地球化学的研究に従事していると考えていた。

　一九四五年二月には、東京、丸の内にあった私たちの研究室は、アメリカの小型機の爆撃をうけて半壊した。日曜日で、その日は朝から小雪がちらついていた寒い日であった。航空母艦から飛び立った小型機、数十機が東京を空襲し、丸の内周辺が人きな被害をこうむった。研究室は一部木造の部分が焼け落ちたため、コンクリートの建物も電気配線等が使用不能となり、研究室としての機能を失った。さらに、続く三月十日には、東京の下町が大空襲をうけ、大火災をひきおこし、十数万の人が被災し、熱さをのがれて隅田川に逃げた人の死体は、川をうめたという。研究室の疎開の計画は急速に進み、四月には長野県諏訪市に疎開することとなった。諏訪市郊外にある豊田小学校の一隅を庁舎として、また江音寺という大きなお寺の庫裡《くり》を宿舎として、私たちの共同生活がはじまった。

やがて敗戦の日を迎えた。敗戦の日（八月十五日）の前々日から、私は太陽紫外線の観測のため、飯田市に出張していて、夜おそく寮に帰った。諏訪駅から歩いて一時間ほどで寮に帰ると、留守番をしていたルームメイトから、敗戦を告げられた。

また少しのちに、広島、長崎の原爆投下の状況を知らされ、私は大きなショックをうけ、愕然とした。

科学者の苦悩

原爆の爆発の仕組みは「核分裂」という科学的原理によるものである。核分裂という現象は、ドイツの化学者、オットー・ハーン教授らによって、一九三八年に発見された。

「核分裂」はそもそも、人類が大昔からいだいてきた「元素の転換」への夢を追いかけて、はじめられた研究ともいうことができよう。天然に存在する最も重い元素はウランである。ウランの原子核に中性子をあてて、ウランの原子核に中性子がとりこまれれば、ウランより重い元素ができるはずであった。ところが、その実験では、ウランが中性子をとりこまなかったばかりか、ウランの原子核を二つに分裂させてしまったのである。全く予想外の研究の進展がおきた。生成された二つの原子核は、当然、ウランより質量が小さいものであった。生成された新しい元素は、つよい放射能をもっていたが、大きな発見は、分裂の際に、途方もなく大きなエネルギーを放出することであった。このエネルギーが原子力と呼ばれるものである。爆発力として、瞬時に放出するように利用したものが原爆である。また調整しながら、制御したエネルギーとしてとり出すようにしたものが、原子力発電の原理である。

この「核分裂」の発見は世界の学界に一大センセーションをまきおこした。原爆製造を計画したのは、アメリカだけではなかった。しかし、成功したのはアメリカが最初であった。アメリカの原爆製造計画「マンハッタン計画」には、アメリカの科学者をはじめ、ドイツ・イタリー・オーストリア・ハンガリー・デンマーク等から、アメリカに亡命していた科学者が参加した。二十世紀前半における科学界の代表者たちであった。

「核分裂」が発見された一九三八年から三年後、一九四一年十二月に「マンハッタン計画」が立案され、一九四五年七月まで、わずか三年半の歳月で、原爆三個が完成されたのである。

このおどろくべき短期間に原爆を完成した科学者たちの熱意は、何であったのだろうか。ヒットラーの圧政をのがれ、亡命したユダヤ系の科学者たちには、ナチズムに対抗する憎しみ、報復心があったに違いない。社会主義国ソ連に対する資本主義国アメリカの対立もあったのであろう。

科学者は好奇心がつよい。発見されたばかりの新元素プルトニウムについても、科学的関心が大きかったに違いない。給与も特別に高かったかも知れない。安易に愛国心をかり立てる要素もあったであろう。

しかし、いずれにしても、個人としてはそれぞれの職場における学者としての責任を、忠実に果したというであろう。また、当時としては、原爆製造はやむを得なかったと弁明する人もいるであろう。

完成した原爆は、科学者の手から軍人にわたった。したがって、原爆製造にかかわった科学者でも、それが実戦に使われたことを知らなかった人も多かったという。しかし、この計画の最高責任者であった著名な科学者は、日本に落とすことに対して積極的な賛成はしないまでも、消極的に黙認したと伝えられている。原爆のおそろしさを、最もよく知っているはずの科学者たちは、どう考えていたのであろうか。核兵器の科学技術的な側面に誠実に協力しただけというのであろうか。核兵器の管理という最も重要な側面は、科学者の関知しない枠の外であったと弁解するのであろうか。黄色人種である日本人への原爆投下であるから、黙認したのであろうか。いずれにしても、原爆製造にたずさわった科学者自身は、自らの行為を、このような弁解で許すことができたのであろうか。

原爆製造を大統領に進言したアインシュタイン博士は、どう考えていたのであろうか。

「核分裂」を発見したオットー・ハーン教授は、原爆の製造、さらに実戦への使用をきいた時、どんな感慨をもったであろうか。そのおそろしさに、おそれおののいたであろうか。私は多くの疑問をもっている。

科学者の役目は一体何であろうか、という最も基本的な問題に、たちもどらなければならない。

たことは、科学、あるいは科学者に対して、決定的な問題―苦悩―を残した。科学者が研究室の中で、科学の真理の探求に専念できたよき時代は、この時をもって終ったのではないか。否、科学者が自らよき時代の権利を放棄したということがきるのではないか。象牙の塔にとじこもって、自然の神秘を解き明かすことだけでは科学者の十分な使命を果すことができない時代になったともいうことができよう。科学者の新たな苦悩がはじまった。

さらに原爆投下は、若い人たち、とくに日本の若人たちに、科学、あるいは科学者に対する深い不信を生んだ。敗戦直後は、事実、科学者、技術者、あるいは研究者になろうとする若者が激減した。人々の科学に対する信頼感は、急速に地に落ちたといえよう。この信頼をとりもどす道は何であろうか。

第五福竜丸の被災

敗戦の翌年、一九四六年三月、私たちは疎開先から東京にもどった。研究室は東京・高円寺にある陸軍気象部跡の焼け残った建物を使うことになった。

私が研究に本腰を入れようと考えたのは、東京に帰ってからのことであった。私たちがふたたび大事件に出会い、大きなショックをうけたのは一九五四年のことである。その年の三月一日、太平洋赤道海域で漁撈《ぎょろう》中であった漁船、第五福竜丸が、アメリカの水爆実験からの死の灰をあびて、乗組員二六人全員が重い放射能症にかかったというニュースが報道された。

アメリカは、太平洋赤道海域にあるビキニ・エニウェトク環礁（サンゴ礁）で、一連の水爆実験を開始した。三月一日早朝に行なわれた第一発はブラボー爆弾と呼ばれた。それは地上爆発であったため、多量のサンゴ礁をふき飛ばした。サンゴ礁は白い粉末となり、つよい放射性物質とともに、広い海面に散布された。

第五福竜丸はビキニ・エニウェトク環礁の東方約一六〇キロの海上（アメリカが指定した危険水域の外側）でマグロ漁をしていた。早朝に西方につよい閃光をみとめた船員は、しばらくしてから船上に白い灰が降るのを見た。その量は一平方メートルに〇・五—五グラムで、歩くと足あとがついたという。その一グラムの放射能のつよさは〇・五—五キュリーであった。ラジウムは一グラム一キュリーであり、死の灰はこれ以上のつよい放射能であったのである。船員は何かと思って、なめた人もいたという。船員の多くは、頭痛をおぼえたり、はき気がしたり、いまから思えばあきらかに放射能症の症状が出てきた。何かおかしいと思って漁をやめて、福竜丸は急拠、母港に帰ることにした。焼津港に帰った船員は、重い放射能症にかかっていることがわかり、すぐに全員入院したが、その一人久保山さんは、治療の甲斐もなく、半年後に帰らぬ人となった。

ビキニでは核実験が続行され、日本には三月なかばごろから放射能雨が降り出した。ビキニ海域の放射能汚染の重要性を考え、日本政府はビキニ周辺海域の放射能調査に俊鶻丸《しゅんこつまる》を派遣することになった。

敗戦から数えて、まだ八年半という時であった。私たちは敗戦後のどん底生活から立ち上がるために、一生懸命働いていた。物質的にも、精神的にも荒廃していた社会で、私たちは大変貧しい生活にあえいでいた。

私はこの事件で、アメリカが大量の人殺しをするための核兵器の開発を強力に進めていることを知って、愕然たる思いにおとし入れられた。広島、長崎に原子爆弾を落とし、数十万人の国民を殺し、それと同数以上の人が被爆の後遺症に苦しんでいるというのに、原爆の投下ということに対する人間としての反省もなく、罪の意識もなく、広島、長崎の原爆よりはるかに強力な爆弾の開発を行なっているということに対して許しがたい思いにかられた。

第五福竜丸は被爆後、転々として船籍を変えたが、最後には東京湾のごみ捨場に捨てられていた。十年ほど前に、ゴミの中から拾われ、今は東京都立第五福竜丸展示館の中におさめられ、保存されている。東京都江東区夢の島にある展示館は、核兵器のおそろしさと平和を考える原点として、訪れる人は多い。開設八年目を迎えたが、参観者は、すでに通算で三〇万人を越えた。この展示館の管理運営を行なっているのが財団法人第五福竜丸平和協会（会長三宅泰雄）である。私も協会の役員の一人であり、いろいろな機会に広島、長崎、ビキニの被爆者にお目にかかり、お話をうかがうことがある。その方たちは苦しい後遺症に悩まされながら、さらに被爆者として、経済的、社会的な差別や困難とたたかいながら、敢然と人並以上に活動している姿に、私はいつも胸がしめつけられる。と同時に心から敬服し、頭の下がる思いを抱く。

私は敗戦のころは、前にも書いたように、長野県諏訪市の郊外に暮らしていた。両親も宮城県の山奥に疎開していたので、私の家族は誰も被爆はしなかった。しかし、たまたま当時、広島、長崎にいた人たちは被爆した。その方たちは本人だけでなく、全世界の人の身代りとして文字通り生命をかけて、生命とひきかえに核兵器のおそろしさを日本人をはじめ、全人類に教えてくれたのである。私は、広島、長崎、ビキニの被爆者たちは、私とは無縁の人ではなく、私の父であり、母であり、また兄弟であると考えなくてはならないと、自分自身にいいきかせてきた。他人事ではないのである。二度とくりかえしてはならない地獄図であることを、子々孫々に伝えてゆかねばならない、と私は思う。

平和な社会

私たちの日常生活は、ここ、二、三十年の間に、急速に便利になった。科学技術の進歩が、私たちの生活とその環境を、大幅に合理化したことは明白である。三十年ほど前を思いおこすと、まさに隔世の感がある。

仕事を持って忙しく働いていた私たちにとって、大変画期的であったのは、敗戦後七、八年を経たころ、電気冷蔵庫、洗濯機、掃除機が市販されはじめたことであった。天の助けのように有難く、世間では三種の神器などと呼んでいた。まだ衣・食・住ともにままならない状況であったが、私たちは、何とか家計をきりつめても、これらの機器を買いたいと思ったほどであった。これらの機器は、私たちの家事労働を確実に軽減し、生活の合理化は一段と進んだように思った。

少しおくれてテレビが普及した。勿論、白黒のテレビであったが、ラジオとは異なり、映像を観ることができるのは、大変な進歩であった。地球の向う側におきた事件が、たちまち全世界に報道され、居ながらにして、世界の動きを見ることができるようになった。そのテレビは最近はカラーとなり、衛生による中継なども可能となった。科学の進歩が、たしかに、人々に多くのプラスをもたらしたことは、誰も否定できない。

しかし、原爆のように、科学技術が悪魔的産物をつくり上げる、おそろしい一面をもつことを重視しなければならない。

このことについて、五十年前に、キュリー夫妻が放射性元素ラジウム・ポロニウムの発見によって、ノーベル賞を受賞した時の記念講演で、つぎのように述べている。「人間は、大犯罪者の手にかかれば、科学の進歩は人類の破壊をもたらしかねない」、さらに、「人間は、科学者の発見した科学を使いこなすほど、成熟しているであろうか」と指摘している。キュリー夫妻の先見性に改めて感銘するとともに、このような側面のあることを考え、科学者、技術者の自覚を求めることも必要であろう。一九八〇年代に入り、キュリー夫妻の心配は、しだいに現実となりつつあることを、見逃してはならない。

科学者の役目は、科学的真理を見出し、それを開発利用することによって、人々の福祉に役立てることである。その責任者であるという自覚を呼びおこし、科学者の連帯感をつよめ、核兵器の開発、製造には、絶対に参加しない決意をかためてゆく道を探さなければならない。それは現代に生きる科学者に課せられた最大の責任の一つであろう。

核兵器に関係する研究以外の場合は、自分が進めている研究が、軍事目的であるか、あるいは平和目的を志向しているかを常に考え、人殺しにつながる研究でないことを確かめながら研究を進めることも、科学者としては大事なことである。しかし、それだけでは、科学者として、科学を平和目的に徹することの義務を果すことはできないであろう。

それは、研究が基礎研究であり、研究者自身も基礎研究に従事していると考え、軍事研究には全く関係ないと思っている場合でも、それが軍事的に利用されないという保証は全くないのである。その研究が基礎的であり、また科学的に正しく進められているものであれば、その基礎研究の成果は、平和利用だけでなく、軍事的にも利用される価値が高いのである。「核分裂」の発見の例を見れば、それはきわめて明らかである。

科学者の発見した真理は人類の共有の財産として継承されてゆくものである。人類共有財産であれば、それは人類全体の幸福と福祉にのみ利用開発されなければならない。一国の都合によって、他国の国民を殺すことに科学を用いてはならないのである。

この点においても核兵器の製造は科学者の立場から許すことはできない。

科学者の積みあげた成果を真に人類の福祉に役立たせるためには、社会が平和であることが前提である。一人一人の人権が重んぜられ、人間が他の人間を抑圧することがなく、自由、平等に、生きる平和な社会づくりを先行させねばならない。平和で平等な社会においてのみ、科学を真に人類の幸福と福祉に役立てることができるのである。

いまや地球上には、広島の原爆を単位にすると、百万個分の核兵器が貯蔵されている。世界の人口で割ると、赤ん坊まで入れて、一人が約三〜四トンの火薬をもっていることになるという。

他の惑星から見れば、地球上の全人類を何十回も殺すことができる兵器をかかえている地球上の人間のおろかさにあきれるに違いない。

科学者の役目の一つは、お互い科学者の仲間が原爆をつくったことに対する贖罪の気持をもって地球上から核兵器をなくすことに全力をそそぐことであろう。それは研究者の仲間がつくった悪魔を地球からとりのぞくことであり、平和な社会づくりの絶対的な前提である。それ以外には道はないと考えるものである。

なぜ、研究するのか

真理を求めて

最近、テレビでいくつかの感銘深い話をきいた。

そのうちのひとつ、世界の最高峰、エベレスト登頂に成功した何人かの登山家の方々のお話を紹介しよう。頂上に到達した時の報道は、きわめてはなやかに、そのよろこびがニュースとして伝えられているが、その蔭には綿密な計画と準備、科学的調査やきびしい訓練、そして多くの仲間たちの協力のあることが語られていた。

八八〇〇メートルを越す高い山への山登りは、とても苦しいものだとすべての方が述べていた。登山の醍醐味を知っている登山の好きな方々のきびしい自然への挑戦であり、体力の限界への挑戦でもあろう。八〇〇〇メートルもの高い山になると、空気は地上の三分の一くらいしかない。体の動きは当然、緩慢になる。空気が薄いので、少しの運動量に対しても、息苦しくなる。文字通り、一歩一歩、ゆっくりと前進するほかはない。その上気温もきわめて低い。手も足もしびれるようで、感覚がなくなりがちになるという。手で足のもものの所をつよくたたいて活力を与えながら、足を少し上げて、一歩高くふみだすのだと語っていた。

「どうして、こんな苦しい思いをして山登りをしなければならないのだろうか」、「もう二度とこんな苦しいことはしたくない」、「頂上をきわめないことには、この苦しさからのがれる道はない」などと考えながら、苦しさにあえぎあえぎの頂上への道のりであるという。

「この苦しさからのがれるただ一つの道は、一刻もはやく頂上に到達して、山を下る以外にはない」といいきかせながら頂上に向っているのだと、一人の登山家は語っていた。

頂上をきわめるまでには、自分のもっているエネルギーの消費を三分の一にとどめなければならない。山を下る時のために残りの三分の二を確保しておくことが、登山には、きわめて重要なことであるという。頂上をきわめることより、そこから無事、下山することの方がむしろむずかしいというお話しを伺い、私はいろいろと多くのことを考えさせられた。

では、こんな苦しい思いをしても、文字通り命がけで、高い山へ登ることに挑むのは何故であろうか。よくいわれているように、「そこに山があるから」であろうか。

私は約四十年にわたって、「地球化学」の研究に従事してきた。私は偶然なできごとから現在の勉強に入り、また別のチャンスを得て、地球化学の研究者としての道を歩んできた。自然科学の研究の基礎である物理学や数学が好きではあったが、その他、大部分は、偶然ともいえるめぐりあわせにより、地球化学の研究をしてきたのである。

地球化学の研究に、私が興味をもったことは事実である。別項で述べるように、大気中と海水中の炭酸ガスの行方を追う仕事も、少しずつ解明が進み、海の炭酸物質の問題についての論文では新しい知見があることが認められ、理学博士の学位もいただいた。その後、放射能雨の研究にも従事した。核兵器実験によって大気中に散布された死の灰が、地球大気中をどう動いているかを、地球的規模で解明できたことも大変興味深かった。ネバダで行なったアメリカの核実験からの死の灰が、西風に乗ってアメリカ東部へ移り、大西洋、ヨーロッパ大陸を経て、約二週間か三週間で、東京に到達し、放射能雨となって落下することも、私たちの理論と観測によって解明され、いく度も観測をくりかえし、その理論の正しさが証明されたものである。

私たちの研究は、理論と観測によって、組み立てられてゆき、立てた理論の正しさを観測によって証明してゆくのであるが、それはパズルを解くように大変楽しい仕事である。最終的には、何度か補正を加えた理論となるが、観測結果とよい一致をみた時のよろこびは、私の心を満たし新たな感激にひたるのである。

真理はただ一つである。推理小説における真実はただ一つであるのと同じように、その真理を求めて、いろいろな側面から、理論的に推理を進めてゆく面白さが、私に長く、研究生活をさせているということができよう。

研究生活は三日続けたら、もうやめることはできないという。それはある種の麻薬に似たものではないかと思う。理論的に推理をおし進めて行って、それが自然界におこっている事象と一致した観測結果が得られた時には、感激のあまり大きな声で叫びたいようなよろこびを覚えるのである。

そのようなよろこびの瞬間を求めて暮らした四十年ということができよう。

しかし、そこに到達することは必ずしもやさしくはない。数多くの失敗や苦労のあることはいうまでもない。それでも、なおかつ、「地球化学」の研究を続けているのは何故であろうか。

高い山への山登りの場合と同じように答えるならば、「そこに自然があるから」であり、「それに向って、私の能力の限りをかけて挑戦する人生のかけ」ということであろうか。

研究生活の魅力

自然現象の不思議さ

私はすでに述べているように、国立研究所の研究室で仕事をはじめてから、約四十年をすごしている。三年前に研究室を定年退官したが、いまもその延長線上を、研究者として歩み続けている。

研究室における仕事は、はじめは戸惑うこともあったが、研究という仕事が少しわかってくると、だんだん面白くなった。何とかして、まだわかっていない自然の真理の一かけらでも見つけたいと思うようになった。夢中になって、文字通り、寝食を忘れて研究にうちこんだ時もあった。私自身、もともと好奇心がつよいこともあり、研究という仕事に深い興味をもった。一生をかけて取り組んで、悔いのない仕事である。乞食と研究者は三日やったらやめられないと、冗談をいうくらいである。生まれ変わって、ふたたびこの地で職を選ぶとしたら、私は研究者という職種を、多分第一候補としてあげるであろう。

幼児がよく「どうしてなの？」という質問を親に連発することがある。はじめの

「どうして」に答えると、次にまた同じような質問が続く。幼児にとっては、自分のまわりのできごとは、すべて不思議に思えるのかも知れない。幼児にとっては「どうして？」という質問に、終りはないのだろう。

研究者の仕事は、幼児の質問によく似たところがある。私は、自然現象の不思議さに心をひかれ、「どうして」と問い続け、とうとう四十年間も研究室暮らしをしたということにもなる。

私の専門は地球化学という研究の分野である。地球を唯一のすみかとしている私たち人間は、昔から「地球とは何か」を考え続けてきた。地球が太陽系に属する惑星の一つであること。太陽系の銀河系星雲の中の小さい星の一つであること。銀河系には、太陽くらいの星が二千億個くらいもあることなどが、先輩の科学者たちの努力によって、少しずつ明らかにされてきた。地球の本質については、部分的に解明されたところもあるが、まだ、ほとんどが不明である。

地球を包んでいる宇宙は、いつごろできたのであろうか。太陽、地球、月はいつごろできたのであろうか。太陽、地球、月はいつごろ、どのようにしてつくられたのか。それらをつくっている物質は、何からできているのであろうか。また地球上には、どうして生物が生まれたのであろうか。生物を構成している物質はどういうものなのだろうか等々、多くの人々が疑問としている問題であるが、実はまだわからないことが沢山ある。地球に対する基本的であり、根本的でもある疑問の多くは、まだまだ解明されていない現状である。

　地球の誕生をたどってゆくと、それは太陽系の誕生にまで、さらに銀河系の誕生にまでさかのぼらなければならない。さらに研究を進めると、それらを構成している物質が、どうしてつくられたのかも、解明されなければならないことになる。研究はつぎつぎと発展し、末広がりにひろがってゆく。ひろがった研究は地球化学と地球物理学等の基礎知識を駆使して総合的に検討され、理論的に考察され、まとめられる。研究はときには細分化されるが、詳細に考察され観測され、総合的な理論的考察をくりかえす。最終的には、あらゆる側面から合理性をもった地球像ができあがる。いろいろな側面から加えられた理論的考察が、実測とほぼ一致し、理論を満足する時にはじめて、地球化学の研究として評価されることになる。

　地球を大きく分けると、地球の外側から内部に向って、大気圏、水圏、地殻、中間層（マントル）と内核の五つの層から構成されていると考えられている。各層の化学物質の成分分布を明らかにすることも、地球化学の研究目的の一つである。それらの化学物質の起源と、現在の分布をもたらした要因を考え、さらに、それらの物質の今後の消長を考察することも、地球化学の重要な興味ある研究テーマの一つでもある。

私の研究テーマ

私が行なってきた主な研究テーマについて、その一、二例を紹介しよう。

はじめに、大気中と海洋中における炭酸ガスの問題について述べることとしよう。

大気中には、現在、炭酸ガスが三三〇〜三六〇ｐｐｍ（〇・〇三〇％〜〇・〇三六％）が含まれている。人間の工業生産活動の増大にともなって、石油や石炭などの化石燃料の消費量が増大し、その結果、燃料の燃焼生成物として、炭酸ガスの放出量が増加し、大気中の濃度が増大した。

炭酸ガスは赤外線（熱線）を吸収する性質をもっているので、大気中の炭酸ガスがふえると、地面から外に向って放出される熱線を吸収し、気温が上昇することになる。つまり、地球を毛布でくるんで、熱を中に包みこんでしまう形になるので、気温はしだいに高くなる。この作用を毛布効果と呼んでいる。

いろいろな議論があるが、このままの状態でゆくと、二十世紀の終りごろまでに放出される炭酸ガスの総量は、現在大気中にある炭酸ガスの五〇％にも達すると推定されている。その結果、大気中にどのくらいの炭酸ガスが残るかが一つの問題であるが、のちに述べるように、約一〇％増になると仮定すると、平均して、気温は〇・五度くらいの上昇がおこる可能性があるという。地球上の平均気温が平均して〇・五度上がると、どうなるか。

南極や北極の極地にある氷がとけるであろう。氷がとけると、その水は海に注ぎ、その水量だけ海水がふえ、海面がいまより高くなる。海面が上がると、海岸立地の都市は水中に没してしまう。ニューヨークや東京も、水の中に入ってしまうことになる。気温が全般的に上昇すると、いままで寒帯であった所も少し温帯に近い気候になり、温帯であった所はやや熱帯的な気候に近くなるなど、地球の生態系に大きく影響することになる。

炭酸ガスと水と太陽光で、植物は光合成を行ない成長しているのであるが、炭酸ガス量の増大によって、光合成量に変化がおこる可能性は当然考えねばならない。

ではいままでに、大気中の炭酸ガス量はどのような変化をしてきたのであろうか。

十九世紀末には、二九〇ｐｐｍであったと考えられている。最近は三五〇ｐｐｍに増大している。つまり八十年間に約六〇ｐｐｍが増加したことになる。年々の平均の変化量（増大量）は〇・七ｐｐｍである。しかし、この期間中に燃焼された化石燃料の消費量から生成された炭酸ガス量から考えると、大気中の炭酸ガスは年間に二ｐｐ mは増加することになる。つまり生成された炭酸ガスの全量がそのまま大気中に残ったとすれば、二ppmの増大となるのが、〇・七ppm、すなわち約三分の一しか、大気中には残っていないことになる。残りの三分の二近くに相当する炭酸ガスはどこへ行ったのであろうか。

炭酸ガスは、私たちの生命維持に、大きなかかわりをもつ。前に述べたように、炭酸ガスは植物の光同化作用には必要不可欠の物質であり、この存在が植物を成長させている。一方、生物は絶えず呼吸をしているので炭酸ガスを大気中に放出する。また有機物は酸化分解してゆくので、炭酸ガスを大気中に放出している。さらに、地球表面の三分の二を占める海洋表面では、大気と表面海水との間で炭酸ガスの交換が行なわれている。

実は、いままで大気中の炭酸ガスの測定の年々の含量が詳しく測定されるまでは、炭酸ガス量は、さほど大きく変化しないと考えられていた。大気中の炭酸ガス量が、比較的一定に保たれているのは、表面海水が大気中の余分の炭酸ガスを吸収してくれると、単純に考えられていた。

というのは、大気中にある炭酸ガスの総量を一とすると、海洋中にはその六〇倍の炭酸物質がとけている。また海底には多量の炭酸塩が堆積しているが、その量は海水中にとけている炭酸物質量を一とすると、炭酸塩堆積物量は六〇〇倍とも一〇〇〇倍ともいわれている。

これら、海洋中に存在する多量の炭酸物質量が、大気中の炭酸ガス量を調節する役割を果してきたと考えられてきた。海洋がどのくらい、炭酸ガスを吸収する能力をもつか等については、定量的にも、解明されないまま、単純にそう信じられてきたのである。

大気中の炭酸ガスは、気体であることはいうまでもないが、炭酸ガスが一たび水にとけると、水にとけている炭酸ガスのほかに、重炭酸イオン、炭酸イオンを生成する。そのために海水中には多量の炭酸物質がとけていることになる。これらの各種炭酸物質の間には、水温、pH等によって、その存在量が規定されるという一つの法則が存在するのである。しかもすでに述べたように、炭酸物質は植物の光合成によって水中からのぞかれ、また呼吸によって、あるいは有機物の酸化分解によって、炭酸物質は水中に放出されるという生物活動を含めて、動的な化学平衡の中にある。この動的な平衡状態を正しく把握しない限り、大気中の炭酸ガスの含量の変動については、その解明がむずかしいことが、しだいにわかってきた。

そこで、私たちの研究室では、大気と海洋の間の炭酸ガスの交換について、さらに詳細な研究を展開する重要性に着目して、太平洋全域について、表面海水中とその直上にある大気中の炭酸ガス含量についての測定を行なってきた。また同時に、海水中の炭酸物質の分布、および生物活動による炭酸物質量への影響などについての研究を進めてきた。大気中の炭酸ガスが、今後さらにふえ続けるかどうかについては、大気中および海洋中の炭酸物質の挙動についての詳細な研究によって、はじめて予想することが可能となる。

いままでにわかった重要な新しい知見としては、大気中の炭酸ガスの海水面へのとけこみの速度が、いままで考えられていたより、かなりおそいということである。そのため、大気中に放出された炭酸ガスが、海洋にとけこみきれず、大気中に残存し、その結果、大気中の炭酸ガスが、少しずつふえる結果を招いている。

しかし、大気中の炭酸ガスは、植物による光合成作用によって失われる。その量は、過去においては、大気・海洋間における炭酸ガスの交換量と、全地球的に見た時には、ほぼ同じくらいであると推定されていた。しかし、最近の森林の樹木の伐採量の増大にともない、これが光合成量の減少に大きく影響している、つまり樹木の減少が、大気中の炭酸ガスを消費する作用を減少させ、そのために大気中の炭酸ガスがふえたと考えている人もいる。いずれにしても、現在の状態について、これらの研究が定量的に進められることが要請される。

私たちの研究でわかったもう一つの重要な結果は、大気と表面海水中の、炭酸ガスの含量が等しくなっていないことである。つまり、ほとんどの海域で、大気・海洋間に炭酸ガスの平衡が成立していないのである。

これまでは、大気中の炭酸ガスがたとえ増加しても、その分は表面海水が吸収してくれるので、大気と表面海水中の炭酸ガス含量はほとんど平衡にあるという考え方を否定する結果が得られたのである。いいかえると、海洋は、大気中の炭酸ガスの増加分を吸収する貯留庫という考え方は、かなり危なっかしいことがわかってきた。大気中の炭酸ガスは、今後もふえてゆくのであろうか。ふえてゆくとすれば、どのくらいふえるのだろうか、予測されなければならない。大気中の炭酸ガスの挙動についての研究が急がれている。

雨水の研究

雨についての研究成果

「雨はどうして降るのだろうか」、「雨って何だろうか」ということは、私の素朴な疑問であった。毎年、二百十日といわれる九月のはじめごろ、台風が東京上空を通過し、河川が氾濫するなどの被害が、新聞で報道された。小学生のころは学校へも行けず、家の窓から降る雨をうらめしそうに眺めていたことが思い出される。最近は二百十日、二百二十日ごろにおそってくる台風の数も少なくなったようである。

中央気象台に勤めてからは、雨水の化学成分を分析するための研究のお手伝いをした。また最近、とくに話題になっている「酸性雨」や「放射能雨」についても、私たちはここ数十年間、研究を続けてきた。これらについても、ご紹介してみよう。

一年中で雨が最も多いのは、つゆ時と秋の台風のころである。雨の降る日を数えてみると、日本では大体、年間約一五〇日となる。七月が最も多く、一カ月に十七、八日は雨が降る。九月と十月は、それぞれ、十五、六日は雨が降る。一年間を平均すると、大体二日半に一回、雨が降っている。

降水量は、日本では平均して、年間一八〇〇ミリを記録している。世界的に見ても、雨が多い方である。

外国の都市にくらべてみると、パリ、ベルリン、モスクワでは、一年間に平均六〇〇ミリの降水で、日本の約三分の一である。アメリカのワシントンや中国の北京では、約一〇〇〇ミリで日本の約三分の二。インドのカルカッタは、雨が多いように思われるが、日本とほぼ同じくらいである。

雨が多いということは、それだけ雨による恵みも多いが、またその反面、雨による災害も、それだけ多いということになる。

つゆ時の雨はシトシト降るように思われているが、最近はしばしば豪雨になることもある。数年前つゆ時に北陸や九州、また東北でも豪雨におそわれ、大きな被害をうけた。つゆの雨は適当な降り方であれば、本当に恵みの雨といえるが、豪雨型になったり、また七月末まで続く長雨になると、稲作などの作物にとっては、凶作の原因ともなるので油断はできない。

つゆは梅雨とも書くが、古くはカビの雨（黴雨）ともいった。この季節は気温、湿度がともに高く、気候はジメジメしていて不快指数が大きい。その上、地面からは、アンモニア等が放出され、カビの発生によい条件がそろうので、文字通りカビの発生には好適であり、カビの雨ともいうことができよう。

雨水はもともと、海の表面から蒸発した水蒸気が、水滴となって落ちてきたものである。古い書物などには、雨は空気中の水蒸気が水になったものであるから、いわば蒸留水のようにきれいなものであると、書かれたものもあるが、それは誤りである。雨は蒸留水のようなきれいな水ではない。とくに降りはじめの雨は、大変きたない。

また都会に降る雨は田園に降る雨よりきたない。

雨水のなかに含まれている主なものは、一つは海の塩に由来するもの、第二は土壌物質、第三は石油、石炭などの燃料の燃焼生成物である。

地球の表面積の三分の二は海でおおわれている。その海面では、風のため、つねに海水のしぶきが上がっている。そのしぶきは空高くふき上げられ、空気中をただよう間に水分は蒸発して塩の細かい粒子がつくられ、風によって地球上、いたるところに運ばれる。この塩は風送塩と呼ばれている。

雨はこの風送塩を洗い流しながら、地表面に落下してくる。海の塩の主なものは、塩化ナトリウム（海塩）、塩化マグネシウム、硫酸カルシウム、硫酸マグネシウム等である。海岸近くに降る雨には、海の塩が多く含まれ、内陸に入るにつれて、雨水の中に含まれる塩の量はしだいに減少してゆく。海の近くで降る雨には、海塩は雨水一リットルにつき数十ミリグラムも含まれるが、内陸ではその十分の一くらいである。また少し詳しく塩の成分を調べると、海岸と内陸では塩の質が違う。海岸に近い所の雨は、塩化ナトリウムが多いが、内陸に入ると水にとけやすい塩化ナトリウムは少なくなり、水分を吸収しにくい硫酸カルシウム等の成分が多くなっている。塩のほかに、雨水の中には土壌物質が含まれている。地面から舞上がった土壌物質は、つねに空気中に浮かんでいる。時には、遠く中国の東北部の砂漠地帯からの黄砂が、東京の上空に浮かんでいることもある。大気中に舞上がったこれらのゴミは、雨によって洗い流され、地上にもどってくる。

このほか、最近、とくに雨水の中に増加した成分は、石油、石炭の燃焼生成物や自動車の排気ガス等である。石油、石炭の中に含まれるイオウは亜硫酸ガスとして、大気中に放出され、水にとけて硫酸となる。窒素は酸化されて亜硝酸や硝酸となる。

都市の汚染の状態を、東京都心の丸の内と、郊外であった高円寺（丸の内から西に約二〇キロ）とで比較してみよう。

戦前の一九三九年ごろの丸の内に降った雨の中に含まれていた硫酸は一リットルあたり五・六ミリグラムであった。これに対し高円寺では終戦直後には、硫酸は〇・五～四・二であったのが、一九六〇年には、一年の平均として五・九となった。戦前の丸の内の汚染の状態が、戦後二十年間に、高円寺にまで拡大していることがわかった。最近はイオウ酸化物の放出規制があり、硫酸の含量はかなり減少し、いわゆるスモッグ（煙霧）が少なく、空のにごりは少なくなったが、窒素化合物については規制がないまま、工場では除去していないので大気中では増加している。現在、高円寺では硝酸は昔の濃度の三倍の多きにのぼった。

酸性雨

最近、世界中で問題になっていることの一つは、雨や雪の酸性がつよくなっていることである。酸性の度合を示す物さしとして、pH（ペーハー、あるいはピーエッチ）という単位が使われている。溶液が中性の時にはpHは七である。七より小さい時は酸性であり、七より大きい時はアルカリ性である。

大気中には窒素が約七九％、酸素が約二〇％含まれているが、そのほかに〇・〇三五％の炭酸ガスが含まれていることは、別項でも述べた。この炭酸ガスが存在するために、たとえ大気汚染がなくても、雨はやや酸性を示すことがわかっている。炭酸ガスが雨水にとけて、雨のpHは五・六から五・七くらいとなる。これよりpHが小さい時が多く観測されているが、これを酸性雨と呼んでいる。pHというのは、酸性物質とアルカリ性物質とのバランスを示すものであり、pHが小さいということは、それだけ酸性物質が多く混入していることである。

私たちの観測結果によると、最近までの五、六年間に雨について、東京・高円寺にあった気象研究所構内で採取した雨水約四〇〇試料についてのpHの平均値は四・五であった。

大気汚染がまだあまり進行していなかった時の雨水については、pHの測定はきわめて少ないが、当時中央気象台にいらっしゃった三宅泰雄先生の貴重な測定値がある。一九三七年ごろの東京・丸の内に降った雨のpHは四・一であった。いまから四十六年も前に、すでに雨がかなり酸性であったことは、注目すべきであろう。そのころ神戸に降った雨のpHは五・二、浜松では五・六ということが、同じく三宅先生によって報告された。都会の規模が大きいほど、雨のpHが小さいことが示された。

pHというのは、水素イオン濃度の負の対数であるから、pHが一だけ小さくなると、酸の濃度は十倍、二だけ小さくなると酸の濃度は一〇〇倍になることになる。

酸性の雨が降ることによって、都会では建物や金属器具などのいたみが目立つ。松方コレクションで、ロダンの彫刻を雨ざらしにするのは、ロダンの名品を早くいためはしないかと心配されたことがあったが、たしかに青銅の彫刻は、酸性雨によっていたみやすいことは、十分に考えられることである。

酸性雨の自然環境におよぼす影響は、軽視することができない多くの問題を含んでいる。とくにヨーロッパのように地続きの国においては、問題は一層深刻である。空気、雨、雪に国境がないということである。自国で放出した公害物質は自国に落下するだけでなく、隣国に迷惑をおよぼす。また隣国からの公害物質も自国の空気を汚すことになるからである。したがって、ヨーロッパでは大気中の公害物質の監視については、歴史が古い。最近は局地汚染を小さくするために、エントツの高さを高くした。この対策は、たしかに局地的な公害を軽減することに大変有効であったが、皮肉なことに、大気汚染の被害をうける地域を拡大させた。

数年前、ノールウェーでは、酸性雨の森林や湖に対する影響を調査するために一〇〇〇万ドル（二二億円）を出したという。また、米国では本問題について、年間九〇〇万ドル（二〇億円）の研究費を要求しているという。

放射能雨

日本で放射能をもつ雨が、とくに問題になりはじめたのは一九五四年春の第五福竜丸事件以後のことである。太平洋赤道海域のビキニ・エニウェトク礁で、アメリカは一連の水爆実験を行なった。

この水爆実験は大量の死の灰を大気高くうち上げたが、それが気流に乗って日本にも到達し、一九五四年三月なかばごろから、雨がこれらの放射能チリを洗い流し放射能雨となって日本全国に降りはじめた。その後も、主として米、英、ソによる大量の核実験が強行され、放射能雨が降り続き、雨によって地表面、および海面に落ちた死の灰は、そこに生育する植物、動物を汚染し、それを食べる人間の体内に入りこんだ。海では海藻や魚を経て、人間を汚染した。

その汚染状態はしだいに深刻となり、一九六三年に国連は、大気圏内の核実験を禁止する条約を提唱した（核実験部分停止条約）。これに加盟した米、英、ソは大気圏内核実験を中止しているが、中国、フランスはこの条約に参加せず、いまも大気圏内の核実験を強行している。インドは一九七四年に地下核実験を行なったが、この条約にはいまだに加盟していない。

米、英、ソは条約に加盟したとはいえ、いまも大気圏内核実験を中止しているだけで、地下核実験は強行しているのである。すべての核実験をあわせてみると、いまも一週間か十日に一度の割合で、地球のどこかで核実験が行なわれているのである。そのため、地球上に降る雨は、どこの雨でも、放射能雨となっている。

放射性物質は半減期と呼んで、その放射能が半分に減少する期間がわかっている。元素によって半減期は異なる。死の灰の中で半減期がかなり長く、しかも比較的に量の多い元素として、ストロンチウムやセシウムのことが問題にされている。ストロンチウムはカルシウムの兄弟元素であり、自然界における動きや、食物として摂取した後の体内における動きはほぼ同じで、骨に沈着し、長く影響を残すと考えられている。

またセシウムはカリウムの兄弟元素で、カリウムと動きが似ていると考えられる。ストロンチウム九〇の半減期は三十年、セシウム一三七は二八年である。地表面に雨で運ばれたこれらの放射性元素は土壌に吸着され、雨などによっても流亡しにくい。長くとどまって、そこに生育する植物、動物を経て、人間の体内に入り、蓄積されることになる。

雨の中に含まれる放射性物質の量は場所によってかなり異なる。地球全体からみると、北緯三十度から五十度くらいの間に降る雨の中の放射性物質量が多い。また日本国内をみると、日本海に面する新潟、秋田地方に多く。大阪には少ない。新潟、秋田は大阪にくらべると三倍、東京にくらべて約二倍の放射性物質が土壌にたまっていることになる。したがって、新潟、秋田地方の農作物中には、それだけ多くの放射性物質が含まれている。

雨に対する配慮

以上、雨の中には、いろいろな化学成分が含まれていることを述べた。その化学成分の中には、天然の肥料として役立つものがある。それらは人跡未踏の原始林や原野、あるいは絶海の孤島でも、植物がよく繁茂するのは、一つには雨で運ばれるこれらの天然の肥料によるものであるといわれている。

また一方、酸性雨のように、害をもたらすものもある。酸性雨が降ったために、樹木が枯れたり、湖の魚が沢山死んだという報告もある。

しかし雨は、陸上のすべての真水の源であり、私たちの生命を維持している大切なものである。動物、植物にとっても、雨は絶対になくてはならないものであることは、いうまでもない。雨の多い国に住んでいる私たちは、それだけ余計に、雨のことを考えて暮らさなければならない。雨がこれ以上きたなくならないよう、研究者も、企業家も、積極的な努力を重ねてほしい。市民も関心を高めていくことが必要であろう。

雨からのよごれを少なくする身近なことの一つは、都会の雨は酸性がつよいので、雨にぬれたコート類はできるだけ早くタオル等でふきとるのがよい。またぬれた傘は、ただひろげて蔭干しにするのではなく、一度水道水で水洗いしてから、ひろげて干すのがよい。

雨の日も快適に暮らすためには、雨についての知識を十分もって、日常生活に生かす心くばりが必要であろう。

女性科学者はなぜ少ない

あやまった先入観

女性科学者が最も多いのは、ソ連である。ソ連をのぞく他の世界各国では、なぜ、女性研究者が少ないのであろうか。

主な理由は、科学研究や技術開発にかかわる仕事は男性のもので、女性には不向きであるという、あやまった固定観念をもっている人が多いことによる。役割分担的な考え方である。

また、折角、研究者をめざして勉強したが、大学を卒業しても、女子には適当なポストがない。さらに、運よく就職ができた場合でも、ポストにもサラリーにも、男女の間にかなりの差があるために、研究に専念する意欲をそいでしまうこともある。

このほかに、女性自身および家族の職業教育に対する考え方の甘さもある。女性の生き方に対する家庭および社会の考え方のレベルの低さにも、大きく支配されていることもあろう。

一般には、女性科学者に対してあやまった先入観をもっているように思える。女性科学者というと、何となく情感の乏しい、無味乾燥のひからびた人間で、理屈ばかりいっている人間を想像している人が意外に多い。美しい女性というイメージからはほど遠い、流行おくれの洋服を着た、なりふりかまわない、独身のこわい顔をした女性像をえがいているようである。時代錯誤もはなはだしい。私の目から見ると、研究意欲の旺盛な、女性らしい魅力のある、誠実な女性が多い。ほとんどは結婚をして、子供をもっている。

戦後、日本では教育制度が改善され、男女共学制度が実施され、女子も大学に進学できるようになった。いまでは、ほとんどすべての大学および大学院に、女子も入学を志望することができるようになった。女子の大学生の数も、年々増加している。

しかし女子の場合、増加しているのは主として短大生である。短大生は現在、四年制大学生の約三倍である。これに対し、男子の短大生の数は年々減少し、四年制大学生が増加している。男子の短大生は、四年制大学生のわずか一〇％以下である。女子とは全く異なるパターンを示している。しかも女子短大生の半数以上は家政、栄養等を専攻しているので、花嫁学校の感があるといわれている。全体としてみれば、女子の大学進学は、専門の職業教育を受けることを目的としていないということができよう。

女子はお茶やお花でも習って、ほんの趣味的に生きてゆく人間をつくればよいとしている親の考え方、そして、そのような環境に育てられた娘自身も、何となく趣味的な人生を送るためだけの準備をしているのでは、科学者・研究者ばかりでなく、専門職を志す女子が育たないのも当然である。法律的な男女同権が確立しても、人間としての役割についての自覚がなければ、折角の男女同権も、絵にかいた餅になってしまう。

大学卒業後の女性の伸び悩み

理工学系の教育に、長年たずさわっている大学の教授たちの意見では、科学や技術に対する才能の差は、男女の間では認められないという。むしろ、女子学生の方が、大学に在学中は成績がよい例が多い。これは日本ばかりでなく、外国でも同じ傾向が見られるという。

では、大学を卒業してから、彼女たちが伸び悩んでいる問題は何であろうか。学問の世界で、女性が差別待遇をうける原因として、アメリカの女性科学者は次のことをあげている。

その第一は、若い女性も自分の専門を生かして勉強し、社会的に成功したいと望んでいるが、社会的に認められて、重要な地位にいる先輩女性が少ないことである。つまり、若い女性たちの模範とするような女性がほとんどいないことを指摘している。また、社会的に成功するためには、自らをきびしくきたえ、男性よりは一層の勉強をしなければならないのに、その気迫が女性には乏しい。

さらに、男女の大きな相違点として、次のことをあげている。たとえば、博士の学位をとり、助教授になった場合、その後の六、七年は猛烈に勉強し、研究をしなければならない重要な時期に、その人の将来がきまるというのである。その間に男性研究者は、新しい研究をはじめるなど、科学者になるための研究に没頭する。二十八歳から三十歳の間である。ところが、女性の場合は、この時期に子供を生み、育てなければならないときに、ちょうどかかってしまうのである。

夫婦がともに研究者である場合も、夫の方は、妻より高い地位にいることを望むのは、日本ばかりでなく、洋の東西を問わず、同じようである。また大学では、同じ研究室で働くことを歓迎しない。さらに女性は、働く母として産休をとったり、育児休暇をとったり、家事にわずらわされることが多い。その上、家事を手伝う人が不足する等のために、学問・研究の世界の、女性の進出がはばまれるのが現状である。

大学や研究所の管理者は、うわべだけの男女平等ではなく、実質的な平等精神を生かすようにすべきである。全体として、真の平等と友好的な環境をつくりあげ、教授や管理職に女性を多く採用するようにしなければならない。

また女性は、職場と同僚から疎外されることが多いという。たとえば、情報の多くは科学者の頭の中にあるので、話し合いをする場が非常に重要である。一緒にお酒を飲みながら話し合う場合も、女性は同伴しにくく、敬遠されがちである。女性の能力が社会に十分発揮できるようになるのは、たやすくない。

何といっても、女性が安心して研究を続けるためには、家事や育児など、社会生活環境の整備がまず現実化されなければならない。託児所などの施設の不備や、お手伝いをたのむことのむずかしさから、やむなく職場を去ってゆく女性は少なくない。しかも、育児などの理由で一度仕事から離れると、何年かのちに、ふたたび同じ程度の仕事にもどることは、自然科学系の場合、きわめてむずかしいということができよう。科学の進歩はきわめて速く、日進月歩であるというきびしい現実を考えておく必要がある。社会施設の不備等は、社会的、政治的に解決されなければならない。単に、個人の問題にはとどまらない。これらは女性の科学技術についての才能が、社会が必要とするレベルにまで到達していないところに問題がある。個々の女性科学者とその家族の努力と犠牲だけでは、解決されないことである。

女性の能力を社会に

科学の研究——とくに自然科学の研究は、よほどの天才でないかぎり、コツコツと、たゆまぬ努力を毎日、誠実に積み重ねてゆかねばならない。したがって、勤勉さと誠実さは、研究者を志す人には絶対必要な基本的な条件である。科学者、研究者に限らず、一つの目標をもっている人は、それぞれ人生哲学をもっていると思うが、本人の自覚が大切であることはいうまでもない。専門職としての知識の積み重ねに加えて「人間とは何か」、「何をなすべきか」等々を、考えてゆくことが要求される。

女性が男性と同じような働きをするためには、家族のあたたかい理解が必要なことはいうまでもないが、個人的な問題の解決だけでは限界があり、目的を遂行するにはむずかしいことが多い。社会的条件や環境が改善・整備されてゆかねばならない。男性への奉仕の生活を女性におしつけているような社会では、せっかくの女性の才能はうもれるばかりである。

女性の社会的進出が、「社会全体の進歩に大きな貢献をする」という考え方を、国民の多くが理解することが根本的に重要である。その考えに立脚する時、はじめて女性の才能を、十分に、社会に役立てることができるようになるだろう。女性の能力を社会に生かすことが、女性ばかりでなく、社会全体にプラスになるという認識があってこそ、科学者・研究者の世界をはじめ、あらゆる分野に働く人々の間に、男女平等が実現することになるだろう。

女性の社会的進出の度合は、その国の文化のレベルを示すものといえよう。女性の職業として科学研究の分野を考えた場合、「科学の研究は、私にとっては、どんなおとぎ話より面白い」と述べたマリー・キュリーの言葉を改めて思いおこし、広く、多くの人々に理解してもらいたいと思う。

科学技術における女性の才能開発

女性科学者ニューヨークに集まる

人間の社会が男性と女性から構成されていることを考えれば、今後、社会がさらに発展をとげるためには、まだ開発されていない女性の才能に期待するのは、当然であろう。

世界の女性科学技術者が、ニューヨーク市で、第一回国際会議を開いたのは、一九六四年六月十七日から五日間であった。目的は、それぞれの専門分野を越えて、女性たちが己の才能を開発して、科学技術分野においても、女性の力を役立たせるよう、各国の女性たちと話しあうことであった。世界の三五カ国からの代表一〇〇人と、アメリカ国内の代表約三五〇人が参加した。ソ連からは三人、日本からは五人の代表が出席した。

会議の主題は、「科学技術の将来」、とくに「科学技術者としての女性の才能の開発」に最重点がおかれた。主催はアメリカの女性技術者の会（Society of Women Engineers、SWE）であった。

アメリカで働く女性の数がふえたのは、第一次および第二次世界大戦以後のことである。

一九〇〇年には働く人口の一八％であったが、一九六〇年には三三％と増加し、約二二〇〇万人の女性が働くようになった。女性の約半数が仕事をもっていることになる。その中の約三〇％が会社、銀行などの一般事務員である。

女性科学者の数はアメリカでも少なく、約二万人、科学者総数の七％、女性技術者はさらに少なく約一万人であり、技術者総数の一％以下であった。

SWEの創立

この数少ない女性技術者たちによって、女性の職業上の地位の確立、女性技術者相互の交流、および技術者になろうと志す若い女子学生の啓発と指導を目的として「女性技術者の会（SWE）」が、一九四九年に創立された。

SWEの創立者の一人であり、当時名誉会長であったリリアン・M・ギルブレス女史は八十六歳であった。国際会議の冒頭、次のように述べた。

「本会議の主要な議題の一つは、今後の科学技術における人的資源の需要が増加する中で、女性の果すべき役割の重要性を、多くの人々に認識してもらうことである」と強調された。

科学技術における女性の寄与の重要性を、社会に広く啓発してゆくのは、女性科学者、女性技術者自身の責任でもある。参加した女性科学技術者の間でも、このことを互いに確認しあった。

ギルブレス女史は一二人の子供（うち一人は幼逝）と、そのころ二〇人の孫があるときいた。夫君のフランク・ギルブレス氏はすでに亡くなっていたが、女史自身は当時も工業技術と管理に関するギルブレス社の社長を勤めていた。女優のマーナ・ロイが主演した映画「一ダースならやすくなる」のモデルになった一家であるという。八十六歳とは思えぬ元気な女性工学者である。

また、招待講演に立ったアメリカ科学アカデミーの科学的人的資源局長のM・H・トリットン博士は次のように述べた。

「アメリカでは、一九七〇年には、科学技術者として二〇〇万人、技術補助者として一三〇万人を必要とすることになろう。いずれも一九六〇年の約七〇％増である。この大量需要の一部は、当然、女性によってみたされなければならない」と指摘した。

ソ連の女性科学者

前にも述べたように、女性の社会的進出が世界的にも最も高いのはソ連である。それが今日のソ連の繁栄をもたらしたことは、すでに周知の事実である。工業全体では、一般の作業員を含めて、一九六〇年ごろ女性は約四五％を占めている。教育関係では六八％、政府機関に働く女性は四九％、医療保健技術者（保健婦、看護婦、栄養士、医師を含む）は八五％の多きにのぼる。

一九七三年のソ連邦婦人統計書によれば、専門職として働く大学卒の女性の数は、技師一〇四万人（総数の三三％）、農業・畜産技師、獣医一八万人（三八％）、経済専門職は四二万人（六五%）、医師四九万人（七〇%）、教員・図書館・文化関係専門職は二〇三万人（七〇%）である。

また一九八〇年のソ連国民経済統計集によると女性のアカデミー会員・準会員・教授は二九〇〇人（総数の一一%）、助教授二五二〇〇人（二四%）、上級研究員一四四〇〇人（四八%）である。

科学者総数五三万人のうち、女性は約四〇%、博士号をもつ女性研究者は五二〇〇人（一五%）、準博士号所有者は約一一万人（二八%）にもおよぶ。女性研究者の数は、他国にくらべると、格段に多いといえよう。とくに上級研究者の数がきわめて多いことは注目されなければならない。

日本婦人科学者の会創立

第一回の国際婦人科学技術者会議は、今後の協力連帯を認め、三年後の再会を約して盛会裡に閉会した。

日本婦人科学者の会は第一回国際会議に先立つこと、六年前、一九五八年四月に創立された。

そのころ日本の女性の社会的進出状況はどうであったか。最も多いのが会計係や一般事務にたずさわる女性で、その数は、一九六〇年には一六五万人で、一九三〇年の三〇倍であった。医療保健技術者は三五万人、そのうち女医の数は約九千人で、医師総数の約一〇％を占める。これに対し、女性科学者の数は少なく、二千人たらずで、科学者総数のわずか二％にすぎない。この数少ない女性科学者の間の交流をさかんにし、広い視野をもって、科学者として世界の平和に寄与すべきであるという願いから、日本婦人科学者の会が、一九五八年四月二十六日に創立された。私も創立のための世話人の一人として働いた。

　本会の創立に際しては、下中弥三郎、前田多門、茅誠司、湯川秀樹、平塚らいてう、植村環、上代たのの諸先生から構成されていた世界平和アッピール七人委員会の力づよい支援をいただいた。七人委員会はかねてから、日本の婦人科学者が、その立場で世界平和に貢献することをつよくのぞんでいたのである。とくに平塚らいてう女史が、日本婦人科学者の会ができることをつよく望まれた。平塚先生はその年の六月一日から、ウィーンで開かれる第四回世界婦人集会（国際民主婦人連盟ＷＩＤＦ主催）に日本の女性代表として科学者を送り、核兵器禁止を発言すべきであると考えられたのである。ＷＩＤＦの当時の会長は、ユージン・コットン夫人。キュリー夫人の教え子であり、かつて高等女子師範大学の学長を勤めたこともある女性活動家であった。副会長は平塚らいてう女史らであった。

新しくできた日本婦人科学者の会から、第四回世界婦人集会に代表を送り、被爆国日本の婦人科学者が、核兵器による被害状況を科学的側面から報告し、世界の女性が核兵器廃絶への第一歩をふみ出す役割を果すよう、つよく望まれていた。一九四五年の広島、長崎への原爆投下に加えて、一九五四年におきた第五福竜丸被爆事件が契機となって、原水爆廃絶運動が全国的に高まりをみせ、その翌年一九五五年には、広島で原水爆禁止世界大会が開かれ、海外からも大勢の代表が来日した。

しかし、欧米諸国では、広島、長崎、そして第五福竜丸の被害状況については、国民はほとんど何も知らされていない状態であった。

第四回世界婦人集会には私が日本婦人科学者の会の代表として出席することになり、放射能汚染の実態を報告し、出席者から、大変歓迎された。また日本婦人科学者の会は、第一回の国際婦人科学技術者会議（ＩＣＷＥＳ）に参加した後、毎回、加盟団体の一つになってきた。

科学技術の進展と女性

原子力平和利用の問題

原子力発電所の立地、建設等について、いまも設置者側と地元住民の間のトラブルが絶えない。問題点は一体何なのであろうか。私たちは国民の一人として、問題点を正しく把握しておくことが必要であるのは、いうまでもない。

私は地球化学——地球環境における化学——の研究に約四十年間たずさわってきた。自然科学を専攻する一研究者として、また一人の国民として、この問題を考えてみたい。

まず研究者という立場で考えていることの一つは次のことである。

科学者たちの献身的な努力によって見出すことができた自然の真理、あるいは自然の法則は、人類の尊い財産であり、未来永劫に受け継いでゆくべきものである。それは人類全体の共有財産であるから、それを開発利用する時は、すべての人類に福祉をもたらすものでなければならないと思う。

しかし原子力については、大変残念なことに、その利用の第一歩が原子爆弾をつくったことであり、さらにそれが実戦に用いられ、数十万人の日本人を殺した。したがって、原子力平和利用を推進するにあたっては、原子力がふたたび国民に災害を与えないようにすることは、まず第一の条件であろう。それと同時に、国民にしあわせをもたらすものでなければならないと思う。しかし、そのための技術開発は、決してやさしいものではないであろう。原子力平和利用を進めることは、原爆をつくるよりははるかにむずかしく、技術的に、なおいくつかの問題点があるといわれている。それらの問題点の中、いくつかについて考えてみよう。

　第一の問題点は、現在の原発は「核分裂」によって生成されるエネルギーをとり出して、それを電力に変えている。したがって、原発を運転すれば、そこには必ず核分裂生成物（死の灰）と呼ぶ放射性物質が生成され、原子炉の中にたまってゆくことである。これは否定できない現実であり、原子力利用における最大の難点である。もし、何かの事故がおこった時には、環境にその放射性物質が放出されるのではないかという心配をもつのは、当然であろう。その心配は単なる杞憂ではなく、事実、先年、アメリカのスリーマイル島でおきた事故のように、原子炉が爆発寸前の状態になったことは記憶に新しい。

　また二年ほど前に、日本海に面する敦賀湾でおきた放射能汚染事故のように、環境に放射性物質が不注意に放出されるという事件もあった。さらにごく最近では、アメリカのニューヨーク州でも、放射性物質の漏洩事故がおきたと報道された。

これらは原子炉の工業的安全と、放射性物質の管理における安全性に関する問題である。さらにわが国においては、地震が大変多いので、地震に対する対策も万全でなければならないことはいうまでもない。

第二の心配は、原発の炉の中で生成されるプルトニウム等の核分裂性物質（核分裂をおこしやすい物質）が、核兵器の製造に転用されるのではないかということである。濃縮ウランについても、全く同様の心配事がある。これらのことは、国内的問題であるばかりでなく、外国からも注目されているのは、よく知られている通りである。その結果、日本は潜在的な核兵器保有国の一国であるとみなされている。このような不安が、核絶対否定という思想と行動を生んでいることは、改めていうまでもない。

第三の心配は、原子力平和利用におけるわが国独自の自主技術がきわめて乏しいことである。現在設置されている原発の大部分は、アメリカで開発された軽水炉である。核燃料も、その大部分はアメリカに依存している。また、本格的操作がはじまろうとしている東海村の使用ずみ核燃料再処理施設についても同様である。再処理施設はフランスのサンゴバン社製であって、技術はフランスにたよっている。また現在は、生成された使用ずみ核燃料はイギリスやフランスに送って、再処理（死の灰を化学的に処理して、有用なプルトニウム等をとり出すこと）を委託している状態である。このような状態は、私たち一国民としての立場から見ても、まことに心もとない、たよりない状態であると、いわざるを得ない。

第四の心配は、こういうことがあってはならないと思うが、万一、戦争がおきた場合には、一体どういうことがおこるだろうかと、考えてみよう。戦争がおこった場合、真先にねらわれるのは、原発あるいは使用ずみ核燃料再処理施設だといわれている。これに対し、原発や再処理施設は、戦争に対して全く無防備な状態にある。もし小型の戦術核兵器、あるいは核兵器でなくても、大型の通常爆弾によって原発や再処理施設がねらいうちされたとしたら、一体どんなことがおこるであろうか。核爆弾を投下したと同じような効果をおこすことになるであろう。これによっておこる災害は、きわめて大きいと推測される。

原子力平和利用を国民の間に定着させるためには、以上述べたような不安をとりのぞくことが、まず大きな前提であろう。

さらに国民がもっている大きな関心であり、不安に思っている問題の一つは、放射性廃棄物の処理問題ではないかと思う。当面は低レベルの放射性廃棄物の処理について、国際的にも大きな問題となっているのは、よく知られている通りである。低レベルの廃棄物については、海洋処分あるいは陸地保管等が考えられているが、試験的海洋処分も近隣諸国の国際的合意が得られず、見通しは全く立っていないといえよう。陸地保管についても、今のところ計画にとどまっているようである。

しかし、原発の運転を続けてゆけば、時間の経過とともに、放射性廃棄物がふえてゆくことは必定である。現在、発電所にたまっているドラムかんの廃棄物は、二五万本といわれている。やがて、これも数十万本にふえてゆくであろう。いまは発電所の敷地内におかれているが、この廃棄物入りドラムかんをどう始末するか、一体どうするのかということは、国民にとって重要な関心事である。どうしてこういうことになったのかということを、ふりかえってみよう。

それは原子力平和利用において、エネルギー開発――アップストリーム――を優先させ、放射性物質の管理や、放射性廃棄物の処分問題等――ダウンストリーム――をあとまわしにしてきたことによる。研究についても、全く同様で、アップストリームには集中的に巨額の研究費が注がれているが、ダウンストリームは著しく軽視、あるいは無視されてきたためである。

電源三法とは

次に電源三法について考えてみたい。

電源三法とは、発電用施設周辺地域整備法、電源特別会計法、電源開発促進税法の三法をあわせて、呼ぶものである。

これらは原子力発電所の設置を中心とした電源開発に際して、その地点が属する市町村の区域について、道路等の公共用施設の整備を図ること、その財源を電気販売に課せられる電源開発促進税（電気料金に加算される）に求め、これを管理するための特別会計を設けることが定められている。

電源開発に対する地元の反発を緩和し、協力を得るために、公共施設を整備するということである。

電源三法は、政府あるいは企業側からみれば、大変充実してきたおかげで、原発立地の町村が整備されてきたといわれている。政府と電力業界は電源三法によって、地元の合意を得ようとしているのである。

しかし地元民にとって、最も重要なのは安全性を確立してもらうことである。例えていうならば、飛行機に乗る人にとって最も大事なことは、飛行機が目的地に安全に、無事着陸することである。飛行機の中で、たとえば機内食がよいとか、スチュワーデスのサービスがよいとか、その他座席がよいなどということは、本質的な問題ではない。

原発立地についても全く同様に考えねばならない。地元の道路を整備するというサービスも大変結構なことであるが、肝心の安全性を抜きにしては、本末転倒ではないかというのが地元の気持であろう。このような金権的なやり方は、国民に歓迎されないばかりか、むしろかえって、それに対して嫌悪感をもよおすであろう。

正しい情報

次に正しい情報の重要性について、考えてみよう。

放射線の環境等への影響については、まず正しい情報を伝えることが重要である。それにもとづいて、国民の理解を得るよう努力することが必要であろう。いままでは、企業にとって都合の良い情報は流すが、都合の悪い情報は外部へは出さず、企業内にかくすということがあったのではないかといわれている。

また、たとえば原発は原爆ではないというパンフレットが、地元に配られたことがあるという。あるいは放射性物質は原子炉の外には、全く漏らされないということも、企業側が宣伝したことがあるという。立地決定を急ぐあまりに行なった宣伝であるかも知れないが、いかにも国民を小馬鹿にした宣伝といえよう。

しかし、ひとたびこのような宣伝が人々の心の中に入りこむと、それを拭い去るには、大変時間がかかることになる。これが後になって、企業に対し、原発に対して、深い不信感を招く原因になっているのではないかと思われる。英語のことわざに「オネスト　イズ　ザ　ベスト　ポリシイ」(Honest is the best policy) というのがあるが、原子力発電の推進についても、正直であることが最善の策ではないかと思う。

原子力発電と社会的合意の形成

次に原子力発電と社会的合意の形成について考えてみよう。

まず、第一に重要なことは、平和利用に徹するという考えである。原子力基本法の初心にかえって、自主、民主、公開の平和利用三原則をかたく守ることである。これらが、必ずや社会的な合意形成につながってゆくと信ずる。

私は日本の原子力産業界、それ自身が核兵器をつくるなどとは考えてはいないが、核兵器を絶対につくらないという非核三原則の第一項目を国民に約束することが、今後の原子力平和利用推進に、きわめて重要なことと考えている。そのためには、原子力産業界、原子力産業に従事する人たちが、まず積極的に核兵器廃絶の意志を表明することが必要ではないかと思う。

昨年六月には、ニューヨークで開かれた第二回国連軍縮特別総会に、原子力産業界を代表して、日本原子力産業会議会長有沢広巳氏が、核兵器反対のメッセージを送ったことは、画期的なこととして、広く国民に歓迎されている。

このことは早くから、三宅泰雄先生によって原子力産業会議に要請されていたことで、ここに実現されたことは、高く評価したい。このことが名実ともに実行されてゆくことを期待したい。

原発問題に限らず、公害問題等、科学技術の発展、あるいは科学技術の発展にともなっておこる問題を考えてゆく場合に大事なことは、真実を語る、信頼できる科学者の意見をきくことである。また、その問題についての専門家であることが重要である。

信頼できる専門家の解説に耳を傾け、すじの通った勉強をすることが必要である。故意な宣伝にまどわされないような判断力を身につけることは、日常生活においても、大事なことである。

インドの女性科学者たち

インドへの旅

一昨年秋、私はインドを訪れる機会を得た。欧米はすでに十回余訪ねたので、一度は南の国にも出かけ、自分の目で南北の格差を見たいと、かねて思っていた。加えて、インドという国の中における女性の社会的地位、さらに職業上の地位などについても、私は知りたいと考えていた。

九月に、インドのボンベイ（ムンバイ）で国際婦人科学者・技術者会議が開かれた。主催はインド婦人科学者の会であった。この会議の第一回は一九六四年、ニューヨークで開催された。アメリカ婦人技術者の会が主催し、世界各国から約四五〇人が集まった。ちょうど、ニューヨーク市で万国博覧会が開かれていたときであった。

この会議の目的は、数少ない女性科学者・技術者が国際的にも連帯し、その立場で社会に貢献することであった。その後会議は三年か四年毎に開かれ、開催地はイギリス、イタリア、ポーランド、フランスとまわり、今回はじめて東洋で開かれ、第六回目を迎えた。

実は、忙しさにまぎれて、インドの会議準備委員会への連絡を怠っていたところ、国際連絡委員会委員長であるイギリスのハードウィッチ夫人から再三、出席勧誘の手紙をいただいた。彼女とは一九六四年の第一回会議からの知り合いである。イギリスのケンブリッジで開かれた第二回の会議のとき、委員長を勤められた方である。お年はおそらく、七十歳をはるかに越えていると思う。会議には、いつも夫同伴で出席している。夫人を気遣って、ニコニコしながらエスコートしている夫の姿は、ほほえましい風景である。彼女は私に、東洋で開かれるというのに、日本から一人も出席しないのは困る、という。

日本婦人科学者の会（一九五八年創立）からは、第一回の会議以来、毎回、数名の会員が参加してきたこともあるので、私は会の代表として出席することにした。私は第一回（ニューヨーク）、第二回（ケンブリッジ）に出席し、今回は三回目の参加であった。

インドへは、はじめての旅であったので、できることなら、時間の許す限り、インドという国を歩いてみたいと思っていた。しかし、会議の前後はあいにく日本での仕事がつまっていて、日程がとれない。ようやくやりくりして、会議開催の前の数日をあけることができた。ボンベイへゆく途中、デリー周辺とアグラのタージ・マハールを訪ねることとした。

インド見聞

旅の準備が十分にできないまま、あわただしく成田空港を出発した。翌日の夜半、午前三時ごろ、ニュー・デリーのパラム国際空港に到着した。市内まで十数キロの距離であった。予約しておいたホテル、オベロイ・インターナショナルは町の中心をやや離れた静かな環境にあった。ホテル周辺は道路が工事中であり、また新しい建物を建築中であった。数時間の睡眠をとった後、朝八時前にホテル内の旅行社を訪ねた。ここでは、バスによる市内観光ツアーはあつかっていないという。短い滞在であり、また外気温は日中、三十七度にものぼるというので、冷房つきの車と同時にガイドをたのんだ。

旅行社があっせんしてくれたガイドは、誠実そうな中年の男性で、デリーのアメリカ大使館で働いたことがあり、政府からガイドとしての認可をうけているという。また短期間ではあるが来日の経験もあり、日本には深い関心をもっていると、自己紹介をした。

車はホテルを八時半ごろ出発し、豪華な寺院や廟などを廻ったのち、ニュー・デリーからオールド・デリーに入った。寺院の壁にはダイヤやルビーがちりばめられ、さん然と豪華な光をはなっていた。しかし、それは寺院の入口にたむろして、観光客からチップをせがむ貧しい大衆とは全く対照的であり、ルビーやダイヤの美しい光がただ空しい豪華さのように思えてならなかった。

ニュー・デリーは人工的に計画設計された町であり、大変近代的である。車はオールド・デリーは下町であり、ニュー・デリーとは、全く対照的である。オールド・デリーのバザール街をゆっくり走った。バザールはインド大衆の生活の場ともいうべき所である。私は、車の中から見るのではなく、ゆっくり時間をかけて、インドの人とともに歩いてみたいという気持にかられた。しかし大変な混雑であり、女一人では到底歩けそうもなく、短期間の滞在ではいうまでもなくとても無理なことである。

バザールの中を車は警笛をならしながら、ゆっくり走ってくれた。大衆の生活レベルの低さは、私の想像をはるかに越えるものであった。乞食が実に多い。交叉点で車がとまると、子供たちが近づいて、車のガラス窓から私をのぞき見する。ガラス窓があいていれば、子供の手が私の前にすうっと伸びてきて、「金をくれ」という。子供たちはどす黒くよごれたパンツ一枚で、ハダシである。また町中のところどころに、夜露をしのぐための囲いを見かけた。よごれた粗末なボロボロのゴザをかけて住居としている極貧の集団である。この集落にたむろしている大衆も、私がこれからの会議で会うことになっている女性研究者も、ともにインド人である。同じ国民の間にあまりにも大きい生活レベルの違いがあることに、私は大変おどろいた。約七億の人間がいるインド、その国民の大多数が極貧の生活にあえいでいる。インドという国の苦悩の一端を見た思いであった。

アグラへ

ニュー・デリーに二泊ののち、早朝の飛行機でアグラに飛んだ。ニュー・デリーから南に二〇〇キロ、約三〇分でケリヤ空港についた。小さい田舎町の空港のように見うけた。九月はまだシーズンオフなのであろう。二〇人たらずの乗客が飛行機からおりただけだった。荷物を受けとって、空港の建物を出ようとすると、「ドクター・サルハシですか」と声をかけてくるインド人がいた。予約してあるホテル、クラーク・シラーズに事務所をもつ旅行社の人であった。タクシーもないので、その人の車でホテルに送ってもらった。空港のゲートを出る時になってはじめて知ったことは、この空港は軍の飛行場の一部を利用していることであった。車の中で、早速観光計画を立てた。デリーの場合と同じように、タージ・マハールへの車とガイドをたのんだ。

タージ・マハールは大理石の建物としては、世界最大であるという。ムガール帝国のシャー・ジャハン皇帝の最愛の妃であったムムタール・マハールの墓として建造されたものである。女らしく、気品高い妃は、大変魅力的であり、かつまた知的であったという。タージという愛称で呼ばれていた。タージ・マハールというのは、タージの宮殿という意味だそうである。

タージは三十九歳の若さで、突如としてこの世を去った。すでに皇帝に即位していた夫に、彼女はつぎの三つのことをいい残した。第一は、彼女たちの子供を立派に育ててほしいこと。第二は、夫が再婚しないこと。第三は、後世の人々も、彼女のことを長く思い出すことができるような、立派な独特の墓をつくること、であった。

皇帝は愛する妃の遺言を忠実に実行した。妃が亡くなった翌年から二十二年の歳月と、巨額の費用をかけてタージ・マハールをつくりあげた。建設のために二万人の名匠がペルシャ、トルコ等々、イスラム圏から動員された。また建設資材はチベット、セイロン、ロシア等々からも集められたという。中央に高さ六五メートルのドームがあり、中央ドームの左右に小さいドームがある。中央ドームの真下に、皇帝と妃の棺が並んで安置されている。壁面には多くの宝石がちりばめられている。この建物を立派なものにするために、あまりにも多くの費用を使いすぎ、大帝国はやがてかたむいていった、といわれている。

翌日も、同じ車とガイドで、アグラから約四〇キロの地点にあるファテプール・スキリを訪ねた。アグラを出発してから間もなく、一つのコロニー（集落）を通った。野菜、果物、日常食、布地などを売買するバザールが開かれていた。パキスタンからの難民の集落であるとガイドが説明した。車は道の両側に並んでいる露店の間を、警笛をならしながら、ゆっくりと走った。オールド・デリーのバザールにくらべれば、規模は小さく、それほど混雑しているようには見えなかった。しかし難民の生活はさらに貧しく、まさに文字通り底をついているように見えた。生きてゆくぎりぎりの暮らしであるように見えた。オールド・デリーで出会ったインド大衆以上に、極貧の生活にあえいでいるようであった。

アグラのガイドは、デリーの人よりやや年をとっていた。兵役にも従事したという。彼は「インドはこれでも、独立後、大衆の生活は大変よくなったんですよ。革命前は、このあたりには、イギリスの兵隊が駐屯していました。いまはイギリスの軍隊も、アメリカの軍隊もいません。インドはわれわれの国になりました。われわれの軍隊があるだけです。インド人のインドになりました」と誇らしげに語った。抑圧下におかれていた人間が、人権を復活して得たよろこびを語っていると私は思った。しかし、七億の国民が人間らしい生活レベルを維持するようになるのは、何時の日であろうか。真に人権の復活が、インド国民の上に訪れるのは、何時のことであろうか。近い将来に期待できるのであろうか。私は胸が痛くなるのをおぼえた。植民地として圧迫された長い間の生活からの解放は、いまや、インド大衆に、多少は生活の活力を与えているように見えた。しかし、極貧の生活にあえぐインド大衆を救う道のりは、きわめて遠く、また複雑であり、それは平坦ではないことだけはたしかであろう。

私のため、二日間車の運転をしてくれた人は、まだ三十代の青年であった。ハイヤーの運転手として、身なりは清潔に、小ぎれいにまとめていた。子供三人と妻と母親の六人暮らしであるという。運転手としての固定給料は、一ヵ月に二〇〇ルピー(一ルピーは三〇円弱)、そのほかに客からのチップが総収入である。子供たちは、お金がかかるので、小学校にも通わせていないと語った。アグラを去る日は、飛行場まで送ってくれた。また、アグラを訪れる機会には、あるいは私の友だちや知り合いがアグラに来ることがあったら、自分を運転手として、ぜひ指名してほしい、と何度も何度もたのむ彼の姿を、私は忘れられない。

インドで、私はたくさんの写真をとりたいと思った。会議までは、自由な一人旅なので、撮影には絶好のチャンスであった。私は、普通の写真機と八ミリの撮影機の二つをもって出発した。かなり重いのであるが、私は張り切って、出発した。しかし私は、デリーの町で、わずか数枚の写真をとったにすぎなかった。インドの大衆や子供を入れて、バザールや下町や名所を背景に写真をとろうとすると、子供たちは、「金をくれ」と手を出す。私はお金をあげること自体はまだ我慢できるが、彼らは私たちに、次のように抗議しているように感じたのである。「お前たちは、われわれインド人のうすよごれた姿を写真にとって、国にもち帰り、友だちや家族に見せるのだろう。見せ物にするのではないか。だから、われわれはせめて、金をもらうんですよ」と、反撃に出ているように思われた。彼らにすれば当然のことということになろう。同じ人間として、彼らのいやがる写真を私がとることに、どんな意義があるのか、私は疑問をもちはじめた。と同時に、写真をとる意欲がしだいに薄れていったのである。

大衆とエリート

アグラからニュー・デリー経由でボンベイに飛んだ。会議場であるホテル・タージ・マハールに八日間滞在した。観光船の発着地、インド門の真前で、ホテルの窓から、広くひろがる海が一望の下に見渡せた。

会議はインド国内から四〇〇人、外国三十数カ国から六十数人の女性科学者および同伴者数名が出席した。日本からは私が、ただ一人が出席した。会議の主要テーマは栄養問題、分子生物学、生化学、エネルギー問題、公害問題、人口問題等で、多くの論文が発表された。

開会式にはインディラ・ガンジー首相が出席した。美しいサリーを着用した彼女は、東洋のインドで初の本国際会議を開催できたことを誇りとすると挨拶した。開会式の後、ガンジー首相主催のティー・パーティーが開かれ、各国からの代表が招待された。短い時間であったが、自国の宰相が女性であることにつよい誇りをもっているインドの女性科学者と、ガンジー首相との対話に接することができたのは幸いであった。また運よく、ガンジー首相の署名をいただくことができたのは、大変よい記念であった。

インドの女性科学者・技術者は、独立後、急速にふえている。いまや二千人を越す状態であり、さらに増加が期待されるという。元インド原子力委員会委員であり、何度かの来日をされたガングリー博士と、トロンベイにある原子力研究所で、久しぶりにお会いすることができた。博士は「いまや女性研究者が急増し、男性はコーナーに追いやられつつあります」と、笑いながらおっしゃった。

「インドにおいては、研究者、科学者の間には、男女差別はない」と、インドの女性科学者たちは胸をはっていう。しかしインドには、よく知られているように、インド古来の世襲的な階級制度（カースト）が、現在も社会の中に根づよく存在する。学者・研究者になることができるのは、支配階級に限られている。したがって彼女たちが、男女平等であるといっても、それはインドの中の、ごく限られた狭い社会の中の話にすぎないのである。

一九七八年の国勢調査によれば、インドの全人口約六億七千万人のうち、女性は約二億六千万人である。その中、働く女性は約一三％にすぎない。働く女性のうち、第一次産業（農業、水産業、鉱業等）に従事している女性は働く女性の八三％にも達する。八三％のうち農業労働者は五〇％、耕作者は三〇％を占めている。第一次産業における女性労働者の地位は低い。第二次産業に働く女性は、中学卒業以上の学歴をもつものは五〇％を占めている。しかし、特別な訓練をうけた女性は少ない。教育をうけた女性が働く第三次産業（商業、情報、サービス等）では、働く女性全体のわずか一〇％にすぎない。そのうち七％はサービス業等である。

インドでは、いちおう十四歳までが義務教育となっているが、実際には就学者は少なく、国民の七〇％が文盲である。とくに女性の文盲率は高く、八〇％を越えているという。国として、文盲を少なくする対策に、とくに積極的に力を入れているとは思えない。

働く女性全体の中で、中学卒業以上の学歴をもつものは、都市部で五％、田園部ではわずか一％である（日本でのほぼ一〇〇％に近いことと対照的である）。第三次産業に働く女性は、高校卒業以上の学歴をもつ者が三〇％を越えている。職業的な教育をうけた女性の就労率は高い。薬剤師の場合は、その七〇％が仕事を続けている。

インドでは、教育をうけた女性が、社会の発展、経済の発展に対応して、結婚後も職業をもち続けることが、しだいにたやすくなりつつあるという。今後、働く女性がふえてゆくことが期待される。

大学を卒業して、すぐ研究機関に働く女性の月給は約一千ルピーであるときいた。インドの国民の年間所得は、ところにより大きく異なるが、一九八一年の調査によると年間一九二ドルである。日本円に換算すると五万円弱である。日本の平均国民所得は二〇〇万円であるから、インドは日本の約四〇分の一にすぎない。インド国民がいかに極貧にあえいでいるかがわかるだろう。

インドの教育レベルがいまより少し上がり、文盲が少なくなり、生活レベルが改善されるのは、多分それほど近い将来のことではないであろう。しかしその目標に向って、政治家たちが努力するのはいうまでもないが、エリートとして女性科学者たちも、その義務の一端をになうべきではないかと思う。

学問・研究の世界の、ごく狭い社会において、たとえ、一見、男女平等が成立していようとも、社会全体が人権の尊重を基盤としていない限り、その平等はきわめて不安定なものであろう。インドの女性科学者の言葉はその点で私には大変空しいものにさえきこえた。

インド大衆と、一部のエリートたちとの間の生活の格差について、インドの国民たちはどう考えているのであろうか。

インドへの旅行は、私に人間というものの存在について、深く考えさせた。大変勉強になった旅であった。

Ⅲ 私の学んできたもの

小学校時代

ひ弱な女の子

私は三月末の生まれなので、小学校ではクラスの中で一番小さく、四月はじめに生まれた同級生にくらべると、約一年も幼い。体が小さく、身体的にも、精神的にも、ひ弱であった。先生方は私の幼さを心配して下さり、とくによく面倒をみていただいたように思う。

小学校へ行くころになっても、私は朝、学校に行くために母と別れるのが、何ともつらかった。母から「ハンカチを持ちましたか。忘れ物はありませんね」などと声をかけられると、こらえていた悲しみが一度にふき出て、両眼から涙が溢れでた。後になって母から「毎朝泣かれるので本当に困ったわよ」ときかされた。私は幼稚園には行かなかった。母と別れて幼稚園へ行くことなどは、私には考えられなかった。

しかし私は学校ぎらいなのではない。学校へ行けば、教室では先生のお話を一生懸命にきく、おとなしい子どもであった。体は、級の中ではとくに小さい方で、風のつよい日は飛ばされそうであった。

小学校は芝区（現・港区）立神応《しんのう》小学校で、渋谷区、目黒区の境界ちかくの、雷神《らいじん》山《やま》という小高い丘の上にあった。

一年生も終る三月になって、疑似ハシカにかかった。せっかく、修業式の総代に選ばれたのに、学校へ行けない日が続き、悲しい思いをした。幸いにも元気になり、三月末の修業式に出席することができた。校長先生は壇上のテーブルの向う側に立っていらっしゃって、手をテーブル越しに下に伸ばして、生徒の方は壇の下から手を上に伸ばして、その学年全体の代表として修了証書をいただくのであった。私は背丈が低くて、いくら手を伸ばしても、証書に手がとどかない。校長先生はやむなく、テーブルの横にまわって腰をかがめて、私に証書を渡して下さった。

杉田はる先生

小学校では三人の女の先生に教えていただいた。一、二年生を担任していただいたのは、杉田はる先生であった。先生はそのころ、三十歳半ばを越したくらいの若い先生であったのだが、子供の眼には五十歳代ぐらいの先生に見えた。先生は当時、すでに未亡人で、たしか三人のお子さんを育てながらのおつとめであった。

背丈はあまり高くなく、小ぶとりで、コロコロしていた。和服に紺のハカマをつけていらっしゃった。丸顔で、銀縁の丸い眼鏡をかけていらっしした。顔の色はあさ黒く、海水浴にでも行った時のように陽やけ色であった。ひたいに何本かのしわが走っていた。髪はひっつめにして、頭のうしろで束ねていた。

杉田先生は、そのころ、再婚を希望していらっしゃったといううわさを後できいた。口の悪い同僚の先生方は、杉田先生のことを「色は黒いが南洋じゃ美人」などと、当時の流行歌をもじって、からかい半分にかげ口をきく人もいたという。先生は昔、視学の職にあったご主人と、ジャワ島で何年かすごされた由である。先生のお顔の色の黒さは、その時の後遺症であった。

小学校の近くに、有名なミッション・スクール（香蘭高等女学校）があった。たしか、その付属に孤児を育てる施設があり、その施設から私たちのクラスに、数名の児童が通学していたことを、私は後で知った。施設からの人たちは、何となく特別の人のように思っていたが、よく事情がわからないまま、親しく遊ぶこともなかった。寒い冬には着物を重ね着し、ときには綿入れを着ていた。しかしハカマをはいていないのが、少し気になった。私もときには着物を着て通学したこともあったが、メリンスのえんじ色のハカマを、必ずはいていたものであった。

施設からの人は、宿題もあまりしてこない。心をとざしている感じで、みんなうちとけず、先生の顔を上目づかいに見ていた。しかし杉田先生は、これらの児童に何かと心をくばり、優しく声をかけていらっしゃった。先生には、私たちも何でもお話しできるような、人間的なあたたかい感じがあった。

小学校ではわずか二年間だけ教えていただいたのであるが、その後の四十年余を経た後までも、先生からは常にあたたかいはげましをいただいた。近くに住んでいるお嬢さんのお宅へ時々お出かけになるらしく、「今日は白菜の塩づけを手伝ってきました」などと、近況を書いたお手紙をいただいた。十年ほど前、先生は鎌倉彫りのペン皿と名刺うけを送って下さった。「刑務所の中で、少年がつくり上げたものです」と先生の手紙がついていた。先生の青少年へのあたたかい愛情を、改めて知らされた。先生は慈母のように甘えられる存在であった。

忙しさにかまけて、最後は先生にお会いしないまま、お別れしてしまったことが悔やまれてならない。ご存命であったら、あのことも、このことも、お話ししたいと思うこのごろである。

大庭富美先生

小学校三年生のとき、担任は大庭富美先生に変わった。大庭先生も一人息子をかかえた未亡人であった。お子さんが生まれる前にご主人が亡くなられ、ご結婚生活は一年にも満たなかったと伺った。大変きびしい先生で、杉田先生とは対照的であった。何ごともキビキビと、私たちを指導して下さった。いまから考えると当時、先生は三十歳前の若さであったと思うが、ご経験ゆたかな先生であったような錯覚をもってい る。

未亡人の先生にとって、二度目の悲しい出来事は、その後二十数年を経て、最愛の一人息子を亡くされたことであった。息子さんを唯一の生きがいとして生きてこられた先生の落胆は察するにあまりある。すでに教職を退いていらっした先生は、お嫁さんとお孫さんの三人の生活を支える柱として、ふたたび働きはじめた。息子さんが勤めていた会社・日本郵船の寮に住みこみ、独身社員の寮母としてお嫁さんと一緒に、孫を大学に入れることに全力を注いでいらっしゃった。

ある日寮を訪れた私は、先生の働きぶりを眼前に見て、胸が一杯になった。最後に寮でお目にかかった時、先生は七十歳半ばを越していらっしたと思うが、若い人にまけないくらいの元気さで、ほがらかにふるまっていらっしゃった。ある日曜日の朝早く、先生は突然私の家を訪ねて下さったことがあった。寝坊の私はねぼけ眼で玄関入口に立たれた先生を見出してびっくりした。小学校を卒業してから三十年も経た時であった。わざわざ東京・大田区に住む私を訪ねて、いろいろなはげましをいただいた。私は両親を亡くしたばかりの一人住まいであったので、先生と二人で楽しい昼食をしたことが思い出される。先生は日々ご苦労の連続であったと思うが、時折下さるお便りには、愚痴一つこぼすことなく、むしろその時の生活を楽しいものにしていらっしゃる様子が記されていた。苦境にあってはお姑さんとお嫁さんが手をつないで懸命に生きている姿に私は感動し、多くのことを教えられた。わずか一年間の担任であった先生が、数年前に亡くなるまで、私のことをご心配下さった。

前田シヅ先生

小学校四、五、六年を担任して下さったのは、前田シヅ先生であった。今年、たしか八十四歳になられたと思うが、年に一回開かれる小学校同期生の会に、いつもお元気な姿をお見せ下さるのは教え子にとっては何よりのよろこびである。ご長男ご夫婦とご一緒に住んでいらっしゃるが、家の中にばかりいるとよくないから、老人クラブなどに積極的に参加し、そこで詩吟を習いはじめたと伺った。同期会で吟じられる先生のお声は、いつもろうろうとして若々しい。

小学校六年生になると、卒業後ただちに就職するグループと、上級学校に進学するグループに分けられた。進学組は高等女学校（現・高校）と高等小学校に進む人が含まれた。当時は小学校六年間が義務教育であったので、卒業後ただちに職につく人も多くいた。高等小学校は、さらに二年の修業年限で卒業する公立校であった。高等女学校は五年の修業年限であり、公立、私立ともに入学試験があった。高女の入試は学校によっては、競争率がかなり高いので、前田先生は六年生になったはじめから放課後に補習授業をして下さった。先生は当時、たしか三人の子育ての、最もお忙しい時であった。いま思えば、学校での通常のお仕事が終り次第、家路をいそぎたい気持があったかと思う。しかし小学校の六年生では、そのような事情を理解することもできず、先生が補習授業をして下さるのがうれしく、先生と少しでも長く一緒に勉強したくて、先生をおひきとめしたこともしばしばであった。

そのころはちょうど、いまの塾のはしりともいうべき私塾がはじめられた時で、学校の勉強だけでは不安に思う家庭もあり、クラスの進学グループ中の友だちの多くは、塾通いをはじめた。私は前田先生の教えにしたがって勉強すればよいと、かたく信じていた。また家でも、とくに塾通いをすすめなかった。塾に通う子どもたちは学校の補習授業のあと、塾へ行くのであるから、子どもの負担は大きかったにちがいない。しかし、塾へ通う子どもたちは、それなりに、かなりの成果があるように見えた。教室では活発に手をあげて先生に応答するので、時には圧倒されぎみで、多少不安を感ずることもあった。私は補習授業には一日も欠かさず出席した。しかし、その他とくに進学のための勉強をしたおぼえはない。教室で先生のおっしゃることを一生懸命にきいていれば、次の時間の先生のお話もよくわかったので、特別な予習、復習の必要は全く感じなかった。父や母も、とくに勉強をするようにはいわなかった。

高等女学校は、同じ芝区内にあり、比較的近く、通学に便利だということと、自由な教育をすることで高い評価をうけていた東京府立第六高女（現・三田高校）を志望した。私のクラスからは八人が志望した。となりのクラスから四人の計一二人が神応小学校から受験した。競争率はかなり高く、入学定員二四〇人の五倍、約一二〇〇人が受験した。運よく、となりのクラスから一人と私の計二人が合格した。ともに塾には行かなかった者であった。入学試験はそれほどむずかしいものではなかったように思う。塾に通っていた友だちが、そろって落第したのは偶然かも知れないが、子供ごころにも、塾に対して、何となく納得できないものが残った。当時と今とでは、いろいろと条件が違うであろうが、私はいまだに塾に対する疑問がとけない。

私たちが小学校を卒業した後、しばらくしてから前田先生は退職され、家庭に入られた。埼玉師範、府立十中で教職にあったご主人は、一九四四年春の終わりごろ、海軍省の司政官として、セレベス島マカッサルに渡られた。

上流階級の現地人の子女を教育する学校の校長代理として赴任された。一年間の任期を終えて、オーストラリア等を旅行し、ジャカルタで阿波丸に乗船し、帰国の途につかれた。阿波丸は緑十字の旗をかかげた船であった。緑十字の旗は、お互いに攻撃しないという国際的なとりきめがされていた最も安全な輸送船であった。阿波丸は長い航海の末、あと二日で母国に帰港という一九四五年四月一日、台湾海峡でアメリカの潜水艦からの魚雷数発の攻撃をうけ、船は真二つに破壊され、沈没した。ただ一人の船員をのぞき、乗員一三〇〇人が死亡したという。航海の途中国際的なとりきめを守らず、南の島でスズや銅などの軍需物資をひそかに阿波丸につみこんだという情報が流れ、その疑いによって攻撃されたと報道された。

ご主人を亡くされた前田先生は、ふたたび教職にもどった。三人の子供を育てるためのご苦労がはじまった。先生のご苦労はみのって、残された二人の息子と一人の娘は、いまはそれぞれ立派に成人された。先生は長男夫婦と一緒に住み、平和な老後をすごしていられる。先生は私たちに「今日一日どうやら無事にすごすことができた。明日の朝また無事に起床することができればしあわせである。しかし、寝たまま死んでしまってもそれは私の人生だと思いながら、毎晩休むんですよ」とおっしゃる。先生の言葉は、きびしい人生を生きてこられたご心境がにじみ出ているようで、私は何度伺っても深い感銘をおぼえる。私が先生のお年になった時、果してこのような境地になれるかどうか、いつも自らを反省してはずかしく思う。先生はいくつになってもなかなか追いつけない存在で、お会いするたびに尊敬の念を深めるばかりである。

のびのび育った幼年時代

もともと私は、いたってのん気な甘えん坊であった。小学校のころ、家に帰ってから勉強したおぼえはない。家でとくに予習や復習に精を出したことはない。

父、母、兄一人の四人暮らしで、平凡な毎日であった。お友だちをよんでおはじきをしたり、お手玉をして遊んだ。手先は割に器用な方で、母からもらった端切れをぬい合わせて、中に小豆を入れてお手玉をつくった。三つ玉はいうに及ばず、四つ玉をあやつる腕前であった。兄のけん玉を借りたり、ベイゴマやメンコの遊びもやった。竹馬のりも練習するお転婆な少女でもあった。裏の木戸にブランコをとりつけてもらい、大きくこいでから飛びおりて、板べいに打ってある釘に手をひっかけ、けがをした跡は手首にまだ残っている。

兄とは九歳も年が違うので、けんかをしたおぼえはない。私は母三十六歳の時の子であり、同じ干支の申年であった。十年目に生まれた女の子は、家中でペットのように可愛がられて育った。低学年のころ、雨や雪の日には、小学校まで母がついてきてくれた。小学校は雷神山という小高い丘の上にあった。近道すると三十段ほどの石段をのぼって雷神様と呼ぶ神社の境内を通って、校内に到達した。少し遠いがなだらかな坂道もあった。いずれの道も赤土なので、雨や雪が降ると道路がすべるので、母に甘えて、ときには校門まで、おんぶしてもらったこともあった。にわか雨が降れば、退校時には、玄関の靴箱のところで待っていてくれた。

六年生の夏休みには、二子玉川の林間学校に通った。毎日、やきおむすびのお弁当をつくってもらい、朝七時半ごろに家を出た。玉川電鉄の路面を走る電車（いまは地下鉄になった）に乗って三十分ほどの所に、林間学校はあった。友だちと二人連れで、水泳を習いに通った。

　私は小学校では三人のすぐれた女の先生にめぐりあった。それぞれ持ち味のちがう、教育に熱心な立派な先生であった。つい数年前、お二人を失ったが、三人の先生は私が小学校を卒業してから四十年余も経た後までも、私のことを心配され、はげまして下さった。三人の先生が、それぞれのおかれた立場において、職場と家庭生活を両立させ、教育という仕事に懸命に努力されている姿は、子供たちに大きな影響を与えた。

六年生の学芸会で私は「一生懸命勉強して、社会に役立つ人になりたい」と幼い抱負を述べたことを、気はずかしく思い出す。甘えん坊で、わがままに育った私に白立心のようなものが芽生えはじめたのは、三人の先生のお力によるところが大きいことは、いうまでもない。

父母について

母は宮城県石巻市の出身で、働き者であった。気丈な人であったが、昔風の考えの中に、わりに自由な、どちらかといえば、新しい合理的な行動をする人であった。父、母が私につねづねいっていたことは「他人様に迷惑をかけてはいけない。そのほかは、何でもしたいことをしなさい」であった。その他は特別な制限や説教がましいことはなかった。いまから考えれば甘やかされ、気ままに育ち、過保護な面が多くあったといえよう。過保護ということが最近、問題にされているが、親が子どもを可愛がるのは当たり前のことである。とくに小さいころは、やたらときびしいより、親の愛情を肌で感ずるように育てた方がよいのではないかと私は思っている。

朝、私が目をさますと、母はもう忙しく働いていた。庭には洗濯物が空にひるがえっていた。夜は私の方が早く休むので、母はいつ床に入るのかと、不思議に思ったこともあった。若いころ、母は風邪をひいて多少熱があっても、食事どきになると、他人にはまかせず、自分自身、台所に立って食事の用意をした。母が存命中、父が台所で食物をつくっていた姿は、私の記憶にはない。

母は毛糸のあみ物が好きで、ひまがあれば、竹の棒針をもって、家族のセーター、スカート、靴下、ズボン下、時には自分のショール（肩かけ）や羽織下などをあんでいた。小学校時代、私が身につけていた洋服やブルマーなどは、みな母の手製であった。私も見よう見まねで、小学生のころから、靴下や手袋くらいは自分でデザインして、竹の四本棒であんだものである。テレビのない時代であり、夜は家族が一つの部屋に集まり、ラジオに耳をかたむけながら、それぞれの仕事をしていた。母は残り毛糸を集めては、大きなコタツぶとんをあんでいた。へや中にあみものをひろげて、太い竹箸のようなあみ棒で、眼鏡をかけて、最後の仕上げを急いでいたことが思い出される。

母は優しいが、しつけはなかなかきびしい方であった。母と一緒に、よその家を訪ねた時などに、お行儀のわるいことでもすれば、家に帰ってから私は、大変叱られた。私が納得して母にわびるまで、夕食を食べることは許されなかった。母もともに夕食はとらなかった。したがって、母についてよその家を訪ねた時は、私は母の顔色を見ながら、お茶を飲み、お菓子をいただいた。母の許しがなければ、せっかくおもてなしをうけても、ご馳走に手をつけることはできなかった。

男の子が一人いた家に、十年ぶりに女の子（私）が誕生したので、私は一方では、ペットのように可愛がられた。チョコレートなどはまだ珍しいころであったが、よそからいただくと、母は私に全部くれた。こんなおいしいものを、自分では食べないで、よく我慢できると、不思議に思った。夜に甘えて母のおふとんにもぐりこんだことも、しばしばであった。

寒い冬の夜、母のぬくもりは湯たんぽと違って、私を容易にやすらかなねむりに誘いこんでくれた。「お母さん、お母さん」と、一日中、叱られながらもまつわりついていた。

母は、晩年、顔面神経痛に悩まされながら、長く病床にあった。痛みが走るので水も湯のみから直接飲むことができなかった。床にやすんでいる近くを人が歩くと、痛みがおきるなど、苦しい日々であった。しかし最後は一九五三年、六十八歳で、ねむるように亡くなった。あと四年ほど元気でいてくれたら、東京大学から娘に授与された理学博士の学位証を見ることができ、どんなにかよろこんでもらえたであろうと、残念でならない。

私を最もよく理解してくれた母が亡くなったことは、いままでの私の人生の中で、最も悲しいできごとであった。母の死後、私は父との二人暮らしを続けていたが、父によって、私は大変なぐさめられた。もし父が先に亡くなっていたら、母を亡くした悲しみから立ち上がるのに、もっともっと多くの時間を要したに違いない。

父は長野県松本市の出身であった電気技術者で、若いころ会社勤めをしていた。戦争がはげしくなった時、父は仕事をやめて、病床にあった母と、母の郷里であり、母の妹の家のある、宮城県登米市に疎開した。私は研究室と一緒に長野県諏訪市に疎開した。終戦後、東京にもどり、自分で会社をはじめる計画もしたが、あまり成功せずに終わった。

若いころは短気なところもあったらしいが、口数が少なく、私には大変優しい父であった。私は父に叱られたおぼえはない。幼いころ父の膝の上で食事をしたり、本を読んでもらうなど、甘えん坊であった。小学校のころ、休日には、遊園地や、菊人形などの展覧会や、多摩川の花火大会にも、よく連れていってくれた。

母の死後、父と二人きりの平穏な生活は八年続いた。父は突然、一九六一年一月の寒い日に亡くなった。その日、私は日本分析化学会関東支部の役員会で、夜おそく帰宅した時には、父はすでに亡くなっていた。日ごろ丈夫で、お医者さんにかかったこともない。若いころ、ひどい脚気にかかったということをきいたことがあるだけである。予防注射もきらいで打ったことがなかった。

亡くなったその日の朝、父は少し胸がやけるようだと私にいった。私は前の晩に一緒に食べたブリの照焼が、老人には少し油が多すぎて、よくなかったと思いながら、ノルモザン（珪酸アルミニウムの錠剤、現在は市販されていない）を飲むように、父にすすめて、食卓の上に出しておいた。まだ床の中にいた父に、出勤の挨拶をして、私は八時少し前に家を出た。父は昼間一度おきて、柱時計をはずし、オーバーホールをしようとしたようであった。柱時計は階下のテーブルの上に、分解されたまま、ひろげられてあった。

その日は偶然というか、午後叔父（父の弟）が新年の挨拶に、父を訪ねていた。玄関でベルを押しても返事がないので、近所を一廻りし、少し時間をおいて、再度訪ねてくれたが返事がなかった。変だなあと思ったが、仕方なく帰ったという。私の電話で、夜中に叔父はかけつけてくれた。

解剖の結果、心臓の近くのふとい血管が破裂して、大量の出血がおき、これが父の直接の死因であったという。たとえ私がそばにいても、助かるものではなかったという医師の報告がせめての、私へのなぐさめの言葉であった。

叔父は私が一人きりになるのを心配して、一週間、家に泊って面倒をみてくれたのは、本当に有難かった。

一人ぼっちになった私は、ぼう然として数カ月を送った。おくやみの電話をいただくと、いろいろな思いが胸をあつくして、また涙する日々が続いた。七十八歳で亡くなった父の死であったが、一緒に暮らしてきて、ただ一人残された肉親の悲しみは、言葉や理念で解消するものではない。また、肉親がたとえ高齢であっても、それだけで割り切れるものでないことを、文字通り体験した。他人から見れば、天寿をまっとうしたと思われる老人の死であっても、娘から見れば、年齢を越えて、いつまでも生きていてほしい存在であった。

父の死後、私は勤め先から、電燈のついていない暗い家に帰るのが悲しくて、当時、ようやく市販されはじめた「光電管」をとりつけ、夕方暗くなると、自動的に家の電燈がつくようにした。私を悲しみから救ってくれたものは時間の経過であり、研究者としての忙しい日々であった。

父が亡くなった翌年の春、私はアメリカに渡った。

女学校時代

第六高等女学校

第六高等女学校（現・三田高校）は芝区（現・港区）三田にある。慶應義塾大学のごく近くである。当時、健康な体をつくるための体育を重視したことと、新しい自由な教育をする公立校として有名であった。私は体が小さく、ひ弱であったこともあるが、最もあこがれたのは、自由な教育ということへの魅力につられて第六高女を志望した。神応小学校からは、第六高女には、わずか二人が合格しただけであった。二人は偶然にも同じア組に偏入され、五年間、同じクラスで勉強することになった。

当時、第六は全校生徒がスポーツに親しむよう、すすめられた。体をきたえる一つの方法として、徒歩で通学することが奨励されていた。当時の校長は丸山丈作先生で、髪は短く坊主刈りに刈って、詰えりの服を着ていらっしゃした。先生のお住まいは渋谷区羽沢町であった。毎日自宅から学校まで、三キロあまりの道を、少し腰をかがめて歩いて、通っていらっしゃった。たいてい生徒の数人が、先生に続いて歩いてくる姿を、校門近くでよく見かけたものである。

私の家からは学校まで歩いて三〇分くらいであった。バスに乗ると一区五銭であった。バスを降りて、慶應の普通部の横を通って、やや急な坂道をのぼる。私もお天気のよい日はバスに乗らずに歩いて通学した。

兄と英語

町はずれの小学校でのんびり過ごした私が、第六に入ってはじめにびっくりしたのは、英語の時間のときだった。英語は長浜先生であり、沢山のおもちゃが机の上に並べられた。おもちゃをつかって「これは何ですか」「これは象です」「それは何ですか」「それは本です」というように英会話の勉強が進められた。私立小学校出身者はすでに英会話を習っていたので、スラスラと先生に英語でお答えができた。先生が教室に入って見えると、「グッド・モーニング・マム（先生おはようございます）」という。私は第六に入って英会話をはじめて習うので「これは大変だ」と思った。家に帰ってから兄と相談し、英語に少し力を入れることとした。夏休みが終るころには、どうやら彼女たちに追いつくことができた。

兄は横浜高等商業学校を卒業し、東横電鉄に勤めた。世の中は不景気な時代で、職を得るのが大変であったときいた。高商時代には外国人を案内するガイド等のアルバイトをしていたから、英語は少し得意の方であったのであろうか。英語はていねいに教えてくれた。私が第六高女を卒業する時に、記念に一冊の本を翻訳することを私にすすめた。兄は子供のころから演劇が好きで、演劇に関係するサークル活動をしていた。私にすすめた原著は『英米戯曲総覧』（W・ブラッドフォード・スミス著）で、戯曲の発展の歴史に関するものであった。内容については、私は十分な理解ができないままであった。しかし、とにかく、訳し終った原稿用紙を整本し、紺色の表紙をつけ、金文字で背表紙に、「卒業記念『英米戯曲総覧』猿橋勝子訳」と入れてくれた。序文に「誤訳もさぞ多いことと心配していますが……」などと、生意気なことが書いてある。若気のいたりで、読みかえすと冷や汗が流れる。

いま、私が英文論文等をタイプするのに困らないのは、そのころ兄がもっていたタイプライター（レミントン）で、打ち方を教えてもらいながら、いたずら半分にたたいていたのが基礎である。その時兄からもらったタイプライターのマニュアルを書いた英文書はいまも本棚に残っている。その兄も肝臓を悪くして、十五年前に亡くなった。

女学校での勉学、スポーツ

女学校一、二年のころは、数学と英語は好きだったが、そのほかはあまり成績のよい方ではなかった。地理、歴史は苦手であった。

たしか二年か三年生になった時、それまで成績のわるかった歴史を、少し力を入れて勉強することをはじめた。ちょうど、日本史から、東洋史に進んだ時であった。秋に行なわれた歴史の試験で、九十五点をいただいた時、私は大変感激した。歴史を担当していらっしゃった深井先生が、私の勉強ぶりに応えて下さったことが何にもましてうれしかった。同時に努力すれば、その効果はあるものだという自信が与えられ、私に大きいはげみとなった。

体育の盛んな第六高女で私はいろいろのスポーツを楽しんだ。二五メートルの室内プールがあり、一年中泳ぐことができた。このほか、ランニング、バレーボール、バスケットボールやテニスが好きであった。ランニングはクラスでは一番速い方で、五〇メートルコースを七秒台で走った。軟式テニスは放課後、あたりが暗くなるまで打ちあって、くたくたに疲れてラケットを杖にするようなかっこうで家路についた。

第六高女は毎年十月二十三日には、神宮外苑のグラウンドで盛大な運動会を開いた。

夏休みが終わると、このための準備が忙しくはじまった。

第六高女は各学年はア、イ、ウ、エ、オの五組から成り、一クラスは四八名、一学年二四〇名から構成されていた。各組から一人ずつ選手が出て各学年五人で一チームをつくる。各学年対抗の四〇〇メートル・リレーは、この運動会のハイライトの一つであった。私はア組代表のランニング選手として、スパイク靴をはいて出場し、神宮外苑のグランドを走るのを、父や母に自慢したものである。

運動の中で私が一番苦手なのは、走り高とびであった。腰が重くて、どうしても、バーの上にとび上がれないのである。スマートにバーを飛び越す友だちを、うらやましく眺めていた。

弓道部にも誘われて入った。はじめは矢が的までとどかず、みんな途中の芝生にささってしまう。少し練習してゆくと、矢はしだいに的にとどくようになる。あの「ブスッ」といって、的に矢がささった時の手ごたえは、何ともいえず心地よいものである。

安河内次雄先生

第六高女の時のクラス担任は、一年生から五年生まで安河内次雄先生であった。当時四十歳くらいの温厚な先生であった。専門の数学と物理学のほかに、課外には希望者を集めて、アラビアン・ナイトを英語で読むことを指導して下さった。英文和訳、英文法、発音等を教えていただいた。このほか「自省録」と称して、生徒が一週間の出来事、感じたことをノートに書いて提出し、先生はこれに対して感想を書くという、いわば師弟の間の手紙による交流の場が設けられた。先生の感想は赤インキで書かれ、ノートは本人にもどされる。

毎週四十八人分の自省録を読むのは、大変な仕事である。先生にすれば、思春期にある女学生の考え方の変動をとらえ、教育に反映させたいというお考えだったかも知れない。が、生徒の方は毎週毎週、自省録を書くことの面倒くささから、それを提出する人の数は次第にへった。

私は前述のように数学や物理学が好きであったが、それが私の一生の仕事にむすびついたのは、安河内先生の授業に、それらの学問に対する好奇心をかきたてるものがあったからではないかと思う。数学は物事を考えてゆく上の順序を教えてくれた。いまから考えれば、先生は一つ一つを理解し、それらを積み重ねてゆく論理の世界の面白さを教えて下さったように思う。

安河内先生は一昨年八十二歳でこの世を去ってしまわれた。中心人物を失ったクラス会は、何となくまとまりがなくなってしまい、クラスメート一同は集まるたびに改めて先生の存在の大きさをかみしめている。

「化学」は苦手

化学は数学や物理にくらべると、あまり好きな方ではなかった。数学や物理は多少、理屈はむずかしくても、その理屈の一つ一つを理解し、積み上げてゆく面白さがあった。一つの理論を理解すると、次の理論を理解する力をもつことができた。階段を一歩一歩登ってゆくようなよろこび、面白さを感じさせてくれた。

化学は、これに対して、このような展開は感じられなかった。化学の授業の進め方にも問題があったと思うが、毎時間の授業に興味を感じられない。一例をあげてみよう。無機化学を学習していた時はさほどではなかったが、有機化学を学ぶようになってから、一層学習する意欲を失っていった。先生は授業のはじめに、複雑な有機化合物の分子式を、必ず、質問された。パルミチン酸の分子式は？　オレイン酸は？　等々。クラスの中にはよく覚えている人がいて、分子式の一つ一つを明確にスラスラと答えるのを見て、私はただ目をみはった。と同時に、私とは関係のない学科のように思われ、化学を勉強する意欲を失っていった。化学の時間は、やたらと分子式を暗

記することに、心をうばわれていたような印象であった。物質「化学」というものをよく理解しないまま、時をすごしていたような気がする。物質の化学的性質を系統的、理論的に理解してゆくことは、本当はきわめて興味深いものである。当時を思い出すと、無駄に時をすごしていたことが残念でならない。と同時に、科学教育のむずかしさを思わせるものでもあろう。

第六高女の親友たち

そのころ、第六高女では、月に一回「校外教授」というのが行なわれていた。東京の近くにある名所・旧跡や、研究所・会社、あるいは美しい山野を尋ねて歩き、生徒の教養・知識を高めるのが目的であった。私たちには楽しい行事の一つであった。しかし、最も楽しみであったのは、年に一度の修学旅行であったろう。二年生は日光へ二泊三日、三年生は箱根へ三泊四日、四年生は東北へ四泊五日、五年生は関西へ六泊七日という、楽しいスケジュールであった。旅行はたいてい六月に行なわれたので、四月の新学期にはいると、すぐ準備が始められた。旅行先についての詳しい説明を聞いているだけでも、心が踊った。友だちと旅行して歩く楽しさはまだ格別である。私たちの関西旅行は、京都・大阪・奈良をはじめとして、九州まで足を伸ばすことになった。京都、大阪はともかくとして、九州行きのスケジュールが発表になると、ワアーッという歓声が、教室いっぱいにわき上がったほどである。

しかし、私はひとり、喜びに浸ることができなかった。それは、私には乗物に酔う癖があったからである。決まったスケジュールに従って、次々とバスで送られてゆく修学旅行を一週間も続けることは、今までの経験からとても耐えられそうになかった。両親や医者と相談した結果、私は、ついに関西旅行を断念しなければならなかった。

皆を東京駅に送ってから数日すると、旅先の友だちからたよりが届いた。その日一日の出来事が詳しく書かれていた。翌日もまた同じようなたよりが届いた。旅行が済むまで、一日も欠かさず送られてきたたよりには、東京にひとり残った私への、優しい心づかいが満ちあふれていた。忙しい旅行の間に私に贈られた厚い友情を、今も私は忘れることができない。

その友の名は久保佳子（旧姓峯崎）さん。

今は、すでに三人のお子さんの母親であるが、友への誠実さにおいては、娘時代と少しも変わらない。私の、最も親しい友だちのひとりである。

佳子さんも、五人の孫をもつおばあさんになった。水泳が抜群にうまい佳子さんは、ようやく五歳になったばかりの孫娘に、一生懸命水泳を教えながら、自分自身も水泳を楽しんでいる。夏には神奈川県葉山の別荘に、私をさそって下さる。お孫さんたちと一緒に、家族同様にすごす数日は、私にとって、この上ないやすらかな、いこいのひとときである。

この時代の友だちとして、楽しい思い出を持つ人に、鳥山経子さん（旧姓横山）をあげたい。そのころ経子さんのお家は、渋谷区宇田川町にあった。お庭の手入れのよくゆきとどいた邸宅であった。今でいえばＮＨＫホールの近くである。お正月には、毎年およばれして、盛大なカルタ会に参加した。

私は小学校のころから、百人一首のカルタとりは大好きであり得意であった。毎年、お正月には、アチコチのカルタ会によばれていった。

十人から十五人くらいの大人が、お互いにむかいあって、行なわれるカルタ会である。時には二組のカルタが並べられた。私一人が小学生であった。

経子さんのお兄さんは当時、早稲田大学の学生であった。五、六人の大学生と、長い袖の晴着を着た女学生とのカルタ大会は、はなやいだ雰囲気で「金色夜叉」もどきでもあった。楽しい行事の一つであった。

夏には経子さんのお家の別荘にも招かれた。

神奈川県真鶴にあった別荘は、広い邸内は沢山の木々にかこまれ、深山のような気配で静まりかえっていた。海岸も近くて、経子さん、佳子さんと三人で泳ぎに行った。この別荘は、ぜんそく持ちのお父様の療養所でもあったと伺った。発作がおこると、この脇息《きょうそく》などは、廊下にまでふき飛んでしまうと伺って、ぜんそくの症状のすさまじいことにおどろいた。

経子さんはいま岸和田に住んでいる。三人の娘さんのうち、二人はすでに結婚した。医院を開業している優しいダンナ様を尊敬し、平和に暮らしている。大阪の方へ出かけると、時にはお宅におじゃまして、おしゃべりをするのは私の楽しみである。

進むべき道の模索

女学校の高学年に進むにつれて、自分自身の将来について、真剣に考えはじめた。将来は何か適当な仕事をもちたい。できたら、一生の間、続けてゆけるものを身につけたいと思った。それは何であろうか。自分に最も適したものは何か、と考えた。

小学生のころは女医になることを夢みていた。病気で苦しんでいる人を、元気にしてあげることのできる優しい女医に、私は胸一杯の尊敬の念をもっていた。

私は学科の中で、割合と優秀なものは、数学、英語、ついで物理学であった。化学は化学分子式とか、化学方程式をおぼえるのが苦手で、あまり好きにはなれなかった。

私の好きな学科の勉強を延長し、それが私のライフ・ワークとして耐えられる、価値あるものになる可能性のあるものは何かと考えた。そして選んだ道はあきずに、長く続けてやれるだろうか。また選んだ職業は、社会的には、どんな評価をうけているかと考えた。社会的評価の高いものに、より大きな魅力を感ずるのは、当然のことであったろう。

親類に弁護士をしている叔父さんがいた。私は医者とは別の意味で、困った人を救ってあげることができるという仕事として、弁護士にもあこがれたことがある。数学や物理の好きな女の子の進む道は、当時は、女学校や小学校の先生になるのが、ごく普通の道であった。いろいろ考えた末、私が選んだのは、小さいころからあこがれていた女医をめざすことであって、女医になって社会に貢献したいと思った。

大学から中央気象台へ

進路変更

私は全く偶然なことから、帝国女子理学専門学校（現・東邦大学理学部）に入学することとなった。女医になりたいと考えていた私は、東京女子医学専門学校（現・東京女子医科大学）の入学試験をうけた。受験者はかなり多く、たしか六、七倍の競争率であったように思う。私は運よく合格したが、東京女子医専には入学しなかったのである。

東京女子医専の入試では、筆記試験はどうやらうまくいった私は、面接試験には、元気に家を出て行った。面接試験は二つの部屋で行なわれた。私は当時校長であった吉岡弥生先生のいらっしゃる部屋に入る順番となった。吉岡先生にお会いするのは、はじめてであった。かねて尊敬する先生とお会いすることに、私はうれしくもあったが、面接試験ということに、多少の不安もあった。

先生の前の椅子に腰をおろした私に、先生は「どうしてこの学校を受験しましたか」とおっしゃるので、私は「一生懸命勉強して、先生のような立派な女医になりたいと思います」とお答えした。すると先生は、天井の方を見上げながら、カラカラと笑われた。そして、「とんでもない。私のようになりたいといったって、そうたやすくなれるもんじゃありませんよ」とおっしゃったのである。私は、びっくりして、先生の顔を見つめていた。そして先生への尊敬の念がしだいに後退し、女子医専に入学することへの期待は、大きな失望に変わっていった。

先生の前に腰かけている間に、私は「こんな学校へはきたくない」「こんな学校へは入学するものか」という気持に発展していくのをおぼえた。今から思えば、若気のいたりというほかはない。

面接を終えて部屋を出た。小雨降る校庭を出口の方に歩いてゆくと、一枚のビラが手渡された。それは東京・大森に、帝国女子理学専門学校が、その年の四月に開校するという案内であった。東京女子医専の入試に失敗した落武者を拾い上げようというものであった。

私は帰宅して事情を話し、新設の帝国女子理専に入学したい旨を話したが、両親はまず、不賛成であった。そのうちに東京女子医専の入試結果の発表日となったが、私は学校へは行かず、父だけが出かけ、合格していることを見てきた。合格通知書が郵送されてきた。せっかく、合格した女子医専を捨てることを、両親は大変残念がった。

創立されたばかりの理専は、いわば海のものとも山のものともわからず、どんな学校に発展してゆくのかもわからなかった。両親は何とか医専に入学させようと思っていたらしいが、私の決意はかたく、理専に入学することの手続きを進めた。

私の心の変化は、偶然のできごとによっておこったことであるが、私はもともと数学や物理が好きであった。したがって、今から見ても、私の選択はむしろ、より適切な選択であったように思われる。ふりかえってみれば、この時が研究者の卵としての、第一歩であったとみることもできよう。しかし私自身は、そんな大それたことを考えていたわけではない。ただ好きな数学や物理学の勉強を、もう少し続けたいということだけであり、将来への展望などがあったわけではない。ただ勉強することが面白く、新しく学ぶことを理解してゆくことに全力を注いだ日々であった。折から戦時中であったので、卒業した時には、立派な科学者の下で、研究のお手伝いをしたいと考えていたにすぎない。

三宅泰雄先生との出会い

理専は帝国女子医薬専の姉妹校として、同じ構内に設立されたのであるが、戦時中の設立であり、実験設備も十分ではなかった。校舎もにわかづくりの木造の階段教室であった。化学実験は木造校舎で行なったが、生物実験は、すべて医薬専の教室で行なわれた。物理実験は力学に関するものは木造校舎で行なわれたが、電気については設備はきわめて貧弱であった。東京・有楽町にあった東京都の電気研究所の設備を使わせていただいた。午前の講義を終えて、グループを組んで、有楽町に通った。当時の所長と私の父が知りあいであり、多くの便宜を与えていただいたのは、大変ありがたいことであった。

二年生の時、夏休みを返上して、ほとんどの生徒は大学や研究所の研究室で実習生として、勉強させていただくことになった。東大、京大、名大、九大、電気試験所等々の研究室に派遣された。

私は「雨がどのようにして降るのか」ということに多少の好奇心をもっていたことから、当時中央気象台研究部にいらっしゃった三宅泰雄先生をご紹介いただいた。理専のクラス担任であり、物理の教授であった堀一郎先生(のちに大阪大学教授)が、旧制静岡高校において、三宅先生の後輩であったご縁によるものであった。三宅先生は東大理学部化学科のご出身で、当時地球化学研究のパイオニアとして、第一線でご活躍中の、少壮学者でいらっしゃった。

大学や専門学校はそのころも約二カ月の夏休みがあった。長い夏休みの間の実習が終ってからも、私は足しげく三宅先生の研究室に通うことになった。というのは、実習期間中に卒業論文のテーマをいただき、そのご指導をうけることになったからである。三宅先生が私に下さったテーマは「ポロニウムの物理・化学的研究」であった。

当時弱い中性子源として用いられていたラドン管と呼ぶ小さいアンプールの中に生成されているポロニウムを、化学的に分離することから研究ははじめられた。ラドン管というのは、直径一センチ、長さ三センチぐらいのガラスの管の中に、ラドンとホウ素が封じこめられていた。アンプールのガラス壁は、放射線被曝をうけて、濃い紫色に変色していた。このガラスのアンプールを粉々にくだいて、ラドンの娘核種として生成されているポロニウムを取り出す仕事である。乳鉢でアンプールを粉砕した後、ガラスに付着しているポロニウムを薄い塩酸で処理し、抽出することからはじめた。ポロニウムを化学的に分離精製し、金属板に電着した。

　今のように便利な放射能の測定器がなかった時代である。ローリッツェン検電器もまだなかった。ポロニウムの放射能のつよさは、わずかに金箔検電器と呼ばれるもので測定されていた。エボナイト棒を猫の皮でこすり、生成された静電気を検電器に与えて、二枚の金箔を左右に離し、その金箔の落下速度をストップ・ウォッチで測って、放射能のつよさを求める方法であった。お天気が悪く、湿度が高く、ジメジメした日は、いくら猫の皮でこすっても、静電気がうまく生成せず、検電器は作動せず、大変に困った。

　実験を進めると同時に、当然のことながら、ポロニウムに関する文献をしらべることになった。ポロニウムの発見者であるマリー・キュリーについても、関心を深めた。この時の勉強が、のちになって、いろいろと役に立った。三宅先生は、科学の勉強をはじめている女子学生に対して、これらのことを考えた上に、与えて下さったテーマであったのであろう。

私は三宅先生の所へ伺う前に、理専ではすでに物理学専攻のクラスに入っていた。そのころ私は、物理学や数学の方が化学より、はるかに好きであった。しかし三宅先生の所でご指導をうけるようになってから、とくに化学の勉強の不十分さを感じはじめ、物理学科に籍をおいていたのであるが、化学科に転科した方がよいのではないかと思い、三宅先生にご相談した。先生は「そのまま物理学科専攻で進むのがよいでしょう」とおっしゃった。私は予定通り、物理学専攻で卒業した。

このことは、後に私が地球化学の研究にたずさわることになった時、大変、有効であった。地球化学は地球科学と化学の中間領域の学問であるからである。化学と物理学によって、地球上にある物質の基本的性質が明らかにされてゆくものである。

いまも、学問研究の社会は男性優位であり、きびしい男女差別がある。が、私が卒業したのは四十年も昔のことである。いまよりひどい男女不平等が存在していた。「よき指導者を選ぶことが、とくに女子にとっては、きわめて重要なことです」とおっしゃった堀一郎先生のお言葉は、いまも私の心の中に残っているが、卒業後、私はそのお言葉通りに実行できた幸運を、感謝するばかりであった。

中央気象台へ

一九四三年、戦争たけなわのころ、私は理専を卒業した。軍関係からの求人は多かった。

若い男性の多くが戦争にかり出されていた時であり、理専の卒業生は、多方面から求められていた。私は軍関係に勤めることには気がすすまなかったので、三宅先生にご相談に伺い、先生の研究室に入れていただくことになった。

理専は半年くり上げの卒業であった。卒業の翌日一九四三年九月末日に、中央気象台に嘱託で採用された。当時嘱託というのは、技手と雇員の中間の地位であった。月給は五十五円、女子薬専卒の先輩と同じ待遇が与えられた。

当時、中央気象台は東京・丸の内にあった。その数年前に落雷で大きな被害をこうむった中央気象台は、木造の建物がほとんどで、ところどころにコンクリートづくりの建物があった。これら木造部分が一九四五年二月の空襲で焼けてしまった。

研究部は長野県諏訪市の郊外、豊田小学校の校舎に疎開し、そこでは、同時に気象技術官養成所（現・気象大学校）専修科（二年生）を開設し、旧制中学を卒業した男女生徒、五、六十人の生徒の教育を行なった。私も数学の講義を分担した。三宅先生は研究と教育の指導だけでなく、庫裡にすむ三、四十人の食糧の調達までもしなければならず、さぞや大変であったと思う。私たちは当番で炊事をしながら、どうやら、さほどひもじい思いもせずにすごすことができたのは、全く三宅先生のおかげであった。私は困ったことに五月に、移転してしばらくしたころから微熱が出はじめ、肺結核の初期と診断され、ねたりおきたりの状態となった。肺結核の病歴をもつ三宅先生が、心配され、とくに栄養価の高い食物をとるようにご配慮下さった。食物が不足の時に、これはまた大変なことであったが、お蔭様で、私は家には帰らず、寮で数カ月の病気療養のまま、どうやら元気をとりもどした。

諏訪から東京に帰ったのは終戦の翌年の三月であった。諏訪の田舎で暮らす私たちを、「戦争はやがて終わりますよ。疎開している間も勉強してエネルギーを蓄えておくように」と三宅先生ははげまして下さった。

太陽紫外線の研究

私が研究にやや本腰を入れるようになったのは、東京に帰ってからである。私はそれまで、太陽紫外線の時間的・空間的分布、およびその気象条件との関係などをしらべてきた。

太陽紫外線のつよさは、三宅先生が考察された化学的方法によって測定された。この方法は、いまも薬局方によって指定されているもので、ひろく用いられている。それは紫外線を照射することによって紫色を呈し、紫外線を遮断すると、無色にもどる化合物（クリスタルビオレット無色シアン化物）のアルコール溶液を石英管に封じこめたものである。太陽紫外線のつよさの日変化、季節変化、地域変化、高度別の分布等の観測を行ない、これらを気象学的に考察した。終戦直後は、東京・丸の内はスモッグがひどく、一日中どんよりとした日が続いた。しかし、東京の西部地区の高円寺にある気象研究所上空は澄んでいた。その紫外線強度の測定によって、丸の内では高円寺の約半分しか太陽紫外線が到達していないことがわかった。

また地上における太陽紫外線強度と、霧の厚さとの関係についての気象学的考察を進めた。このために北海道の東端、根室における大規模な観測にも参加した。霧の厚さは、繋留《けいりゅう》気球に観測員が乗って測定された。霧の発生と消滅してゆく機構解明のために、霧水を採取し、化学分析を行なった。根室近くでは、厚岸《あっけし》周辺でも、霧の観測が行なわれた。この辺りの霧は濃く、レインハットの縁からしずくがしたたるようで、時には一メートル先も見えなくなるほどであった。根室では一九四四年の初夏から夏にかけての数カ月間、北大の故中谷宇吉郎先生の研究室、中央気象台、陸軍気象部等による一大共同観測が行なわれた。このほか、長野県霧が峯の頂上や、軽井沢周辺でも観測が行なわれた。長野県では真冬の二月に観測が行なわれた。寒い冬の野外観測はつらい。宿を出る時にもらったお弁当のおむすびは、リュックサックの中でカチカチに凍ってしまって、そのままでは食べることはできなかった。一カ所に立ちどまって深夜の野外観測は、うっかりすると、足の指を凍傷にしそうである。みんな足ぶみをしながら、寒さをふせいでいた。

オゾン層の解析

大気中にはごくわずかのオゾンがある。その大部分は地上二〇〜三〇キロの高さに集まっている。地球をとりまく空気の厚さは、〇度一気圧の標準状態にして、八キロメートルになる。大気オゾンはその中でわずか二〜三ミリメートルの厚さにすぎない。しかし、このわずかのオゾン層の存在が、実は地球上における生物の生存に、重要な役目を果しているのである。

太陽紫外線のうち、ごく短波長の紫外線は、生物の細胞を破壊してしまう強烈反応作用をするのであるが、オゾン層は短波長の紫外線を吸収してくれる。生物の生存に適合した二八〇ミリミクロンより長波長の紫外線だけを、地表面に送るためのフィルターの役目を、オゾン層が果してくれているのである。

わずか二〜三ミリの厚さのオゾン層であるが、その厚さは季節により変化する。春に極大、秋に極小を示す。また地域的にも変化がある。赤道地域で最小で、緯度が高くなるにつれてオゾン層は厚さを増し、六十度あたりで最大を示す。私たちはオゾンの光化学反応を考慮に入れて、オゾン層の季節変化と地域的変化を考察するための理論をたてて、解析を行なった。当時唯一の計算手段はタイガー計算器によった。ガチャ・ガチャ・ガチャと大きな音を立てての手回しの計算は、たいへんな重労働でもあった。夕方になるとクタクタに疲れ果てた。夢にまでオゾンが出てきたが、しばらくの間、私はこの理論計算に没頭した。が、やがてこれらは二つの論文としてまとめられ、英文で発表された。その時のうれしい感激は今もって忘れられない。研究者として大きい満足感を初めて味わった。今から三十年前のことである。

化学の勉強を再開

地球化学的な観測結果をもとにして、理論を考え、解析を進めているうちに、私は化学の勉強を基本からやり直したいと考え始めた。三宅先生は私の考えを快くご承諾下さった。まず化学分析の基礎から見直すようにご指導いただいた。木村健二郎・三宅泰雄共著『定性分析』（現在は木村・三宅・池田長生共著、共立出版）を改めて本腰を入れて読み直した。そのほか化学分析に関する洋書も何冊か貸して下さった。三宅先生は、私たちの実験室を時々見て回られた。三十年も昔のことで、化学分析はすべて手作りの時代であった。攪拌棒の置き方、濾紙のたたみ方、濾過の仕方一つ見ても、その人の分析の腕前がわかると、三宅先生はきびしかった。

やがて私は岩石の分析、水の分析を基礎とする地球化学の研究に入っていった。微量分析も手掛けるようになった。理専時代に、駆け足で通った定性分析、定量分析を復習したことは、その後の私に大きな原動力をつけてくれた。

水の分析の勉強から、やがて海洋化学に入った。三宅先生から海水中の炭酸物質の研究テーマをいただいた。当時はいまのように便利な器械はなく、測定法の開発からはじめなければならなかった。

天然水中の炭酸の研究

天然水中にとけている全炭酸の測定に、微量拡散分析法の適用が成功したことは、私にとって大変幸運なことであった。そのころは、赤外線の吸収による炭酸ガスの測定器は、まだ一般には出回っていなかった。微量拡散分析法は、海水試料がわずか二

mℓで、全炭酸が簡便迅速に行なえるのであった。この方法は炭酸泉である有馬温泉の研究にも役立てることができた。東大の故南英一先生にお供して、長野県の温泉の河川の研究にも有効に用いることができた。

炭酸物質の測定について、忘れることのできないできごとの一つは、一九五四年のビキニ事件の死の灰の分析についてである。第五福竜丸船上に降った死の灰の主要成分である炭酸塩の量を決定するのに役立ったことである。故南教授が不破敬一郎助手（現東大教授）を従えて、突然私たちの研究室に、けし粒ほどの小さい白い死の灰の数粒を持参された（約一〇mg）。私は南先生が初めに出された試料を緊張して測定した。分析結果は九九・九八％であった。一〇mgにもみたない灰の中の炭酸含量を測定することは、かなりむずかしいと考え、南先生はまず、炭酸含量のわかった既知試料を与えて、私の腕だめしをしたのであった。その上で本番にかかった。ビキニ灰の炭酸含量は一一・八％であった。この結果は二日後（五月三十日）に京都大学で開かれた日本分析化学会で発表された。

天然水中の炭酸物質の測定は、海水、河川水、温泉水等々について行なわれ、その理論的考察も同時に進めた。

フィンランドのブッフ教授は炭酸物質研究の大先達でいらしたが、一九六〇年にフインランドで開かれた第十一回国際測地学・地球物理学総会における記念講演で、光栄にも私の炭酸の研究をご紹介下さった。またイギリスのライリー教授編の著書『海洋化学』にも、数十ページにわたって掲載される光栄も得た。私の炭酸に関する論文はやがて「天然水中の炭酸物質の行動」と題する学位論文にまとめられ、一九五七年、東京大学から理学博士の学位を授与された。東京大学理学部化学科からの理学博士としては、女性第一号であった。炭酸物質の研究はその後、太平洋における大気・海洋間の炭酸ガス交換の研究等に発展した。

海洋放射能の研究

炭酸物質の研究に加えて、一九五四年三月一日の第五福竜丸の死の灰被爆事件を機に、私は死の灰の地球化学的研究にもたずさわることになった。核兵器爆発によって大気中に放出された死の灰が、大気、海洋の中を、どのように行動するかを追跡する仕事である。アメリカのネバダで核爆発するとその影響は、日本には約三週間で達っし、また中国の核爆発の影響は二、三日で日本に到達することが明らかになったのは、私たちの研究室の成果の一つである。

海洋上に落ちた死の灰が、表面から深海に拡散してゆく速さが予想以上に速く、わずかの五、六年で六千メートルの深海に到達することもわかった。

一九六二年にはカリフォルニア大学スクリップス海洋研究所で、海洋放射能の研究に従事する機会が与えられた。海洋学研究の世界的メッカで、私はユーリイ教授、アルレニアス教授、レイクストロウ教授、レイト教授、シェパード教授、フォルサム博士等々および教授夫人らとご交誼をいただいたことは、私にとっては、大変ありがたいことであった。女性科学者としては、地質調査所のヘレン・フォスター博士、ウッズホール海洋研究所のメアリー・シアース博士らとも親しくしていただいた。これらは私の人生を、一まわりも二まわりも大きいものにしてくれたといっても、いいすぎではない。

その後、私の興味は炭酸ガスの大気・海洋間の交換の問題、大気と海洋における化学物質の挙動、さらに放射性廃棄物の海洋投棄等々に拡大した。

Ⅳ　すぐれた女性の生活と意見

先駆者に学ぶ

偉大な女性科学者たち

ある分野の専門家として、すぐれた仕事をなしとげた一人の人間が、どのようなことを考え、どんな人生を歩んできたかを知ることは、これからの自分自身の人生を考えていく上に、たいへん有効である。それは専門分野の如何にかかわらず、また洋の東西を問わず、年代を越えて、人間として共感し感銘をうけることが多い。それはまた、男性、女性の別なく、すぐれた方たちが生きてきた姿には、学ぶことが多く、私はいつも心の糧としてきた。私たちの考え方というものも、その根源をたどれば、多かれ少なかれ、先生、先輩、友人、あるいは書籍等から学んだもので、それらを自分なりに消化し吸収して、自分の考えをつくりあげてきたのである。

いまの社会は、程度の差こそあれ、欧米でも、男尊女卑である。学問研究の世界でも、同様に男性優位、男性支配であることに、変わりはない。学界における女性科学者の活動の歴史は、男性よりかなりおくれている。初の女性科学者としては、アメリカの植物学者のジェイン・コードン（一七二四―一七六五）が、歴史的に記録されている。しかし、女性科学者の活動が社会的に認められるようになったのは、二十世紀になってからのことであり、まだ一〇〇年たらずのことである。

科学者として、最高の名誉ある賞とされているノーベル賞には、三種類がある。化学、物理学、および生理学と医学に関する三つの賞である。ノーベル賞を受賞した女性科学者は、現在までに五名、計六回の受賞があった（マリー・キュリーは二度受賞の栄誉をもつ）。

物理学賞は二人

○マリー・キュリー（一九〇三年、夫のピエールとの共同研究）

○メアリー・メイヤー（一九六三年、J・ジェンセンとの共同研究）

化学賞は三人

○マリー・キュリー（一九一一年、二度目の受賞に輝く）

○イレーヌ・ジョリオ・キュリー（一九三五年、マリー・キュリーの長女。夫のフレドリック・ジョリオとの共同研究）

○ドロシー・ホジキン（一九六四年）

生理学と医学賞は一人

○ゲルティ・T・コリー（一九四七年、夫のカールとの共同研究）

ノーベル賞の受賞者の総数、約三百数十人のうち、女性はわずか五人。二百数十課題の中の六件にすぎない。しかも女性受賞者五人のうち、三人が夫との共同研究である。また共同研究にはなっていないが、夫は同じ科学研究の道を歩いている科学者である、という恵まれた環境にある女性科学者たちであることは、注目されなければならない。

科学者の中には、ノーベル賞こそ受賞していないが、それに勝るとも劣らない立派な研究業績をあげている人も少なくない。それは女性科学者についても、同様なことがいえるのである。

　八七番元素を発見し、故国フランスにちなんで、フランシウムと名づけたマルグリット・ペレイや、一九五七年度のノーベル物理学賞を受賞したリー（李）、ヤン（楊）の理論に対し、実験的裏づけをした中国生まれのアメリカ人のウー・チェン・シュン（呉健雄）や、一九四四年のノーベル化学賞を受賞したオットー・ハーンの原子核分裂に対する理論的解明を行なったリーゼ・マイトナー等の女性科学者をあげることができよう。

　このような、すばらしい立派な女性科学者の大先輩たちが、科学史上に、いくつかの大きい貢献をしていることは、科学者ばかりでなく、女性にとってまことに誇るべきことである。本章では、その方たちの中から、何人かの女性科学者と、偉大な科学者メンデレーフの母について、それぞれ一人の人間として、市民として、女性として母親として、どんな生活をし、意見をもっていたか、その一部を紹介したいと思う。

きびしい男女差別が存在した社会の中で、これらの女性が、どんな人生を送り、どんな苦労を重ねながら、研究の仕事をなしとげてきたか。その当時の社会的背景をふりかえりながら、どんな人生観をもって、その苦労を耐えてきたか。これらの人たちから、私は多くを学び、これからの私自身の人生をよりゆたかにすごすための、尊い参考としたい。

先駆者に何を学ぶか

これまでにも、すでに述べてきたように、これからの女性は、若い時に、何かの特技、あるいは専門技術を身につけて、社会に貢献できるようにしておくのがよいと思う。専門の技能、あるいは技術としては、それぞれの人の才能や立場によって、好きなもの適したものを選ぶのがよいであろう。大事なことは、若いうちにその専門技術を習得することである。それはきびしい修業であっても、将来にそなえて、若い時に基本的なことを訓練しておくことが、きわめて大事である。精神も身体も柔軟性のゆたかな若い時に、きたえておかなければならない。

問題なのは、どんな専門技術を選んで、自分の職業にしたらよいのか、よくわからないことである。社会的経験が乏しいために、どんな道を歩くのがよいか、見当がつかないという悩みがある。この時に、よき先生や先輩に出会い、あるいはよき書籍に出会い、適切なアドバイスを受けることができ、それを自分の将来に生かすことができた人は、大きな幸運を与えられたということができる。その後の人生に与えた影響の大きさは、はかり知れないであろう。

しかし、折角よいアドバイスが与えられても、それを理解せずに、そのまま聞き流してしまうのでは、幸運を自ら捨てていることであり、大変残念である。幸運をのがさないような訓練を重ねておくことが大事である。それは、自分自身の人生を、最高の状態にする道でもあるから。

男性の場合は、生まれながらにして、何か職業をもたなくてはならないと、本人も子供のころから、頭の中に深く刻みこまれている。本人ばかりでなく、両親も教師も、真剣に将来のことを考え、高校、大学への進学の方針が立てられている。また、男性の場合は、いろいろな職業分野に進出している先輩がいるので、ある専門分野に入って独立した時の自分の姿を、おぼろげながら、うつし出すことができる。専門を選ぶ時の参考となる実例を見ることができる。

しかし女性の場合は、男性とはかなり違う側面がある。その一つは、女性自身の中に、社会的に働いて何か貢献するということを、考えていない人がかなりいることである。この人たちは、お茶とかお花とかを習って、趣味的な生活をしていけばよいと、考えているのであろうか。本人ばかりでなく、両親も娘がよい結婚をすることだけを目的として、娘が独立した生活をすることなどは、全く考えの外にある人たちである。

これらとは別に、独立した生活を求めている女性たちがいる。しかしこの場合も、独立した時の予想図を、頭にえがきにくいという悩みがある。それは一つには、女性の社会的活動がまだ、きわめて少ないためであろう。専門家として独立して活動している女性を、自分の周辺に見ることが少ないことによるのであろう。

これから紹介する女性科学者たちは、いずれも超一流の科学者である。男性を含めても、そうめったと出現することの少ない、すぐれた科学者である。紹介する女性の中で、現在、活躍している方は、ウー・チェン・シュンお一人である。あとの方々はすでにこの世にない。ウー・チェン・シュンは中国生まれのアメリカ人である。今年七十歳、現在コロンビア大学名誉教授である。今年の三月末に来日され、私ははじめてお目にかかる機会を得た。

天才・マリー・キュリーの苦悩　――偉大なる異邦人――

マリーの生涯

マリー・スクロドフスカは一八六七年一月七日、五人きょうだいの末っ子としてポーランドに生まれた。そのころのポーランドはロシアの領地であった。ロシアの圧政に苦しんだポーランド人は子供にいたるまで、ポーランドの独立を願っていたという。

マリーの父親は中学校の数学と物理の先生であった。母親は女子の寄宿学校を経営していたので、スクロドフスキ家は、学校の二階に住んでいた。マリーはここで生まれた。マリーが生まれてから半年ほどすると、父親は視学を命ぜられ、転勤することになった。母親は、学校の仕事をそのまま続けてゆくことはとてもできそうになかったので、女学校を人にゆずり、家中そろって父親の新しい任地に移った。母親は、このころから、少し体のぐあいが悪くなりはじめた。

母親の病気が重くなった時、マリーは小さいひとみに涙を一杯うかべながら、「神さま、私が世界中で一番好きな、そして一番大切なもののために、どうぞ命をおさずけくださるよう、おねがいいたします。その代わり、私の命は主にささげることを誓います」と熱心にお祈りを続けるのであった。母親の命を救うためには、自分が死んでもよいと、真剣に考えていた。しかし、優しいマリーの願いをよそに、母親はマリーが十歳のときに亡くなった。マリーの悲しみは深く、言葉では表現できないほどであった。

マリーは優しい父や姉にはげまされて、やがて女学校の卒業式をむかえた。そして優等生として金メダルをもらった。

そのころ、マリーの兄は医科大学を卒業していた。一ばん上の姉は声楽家になるための勉強をしていた。マリーにとっては、最も気がかりであったのは、すぐ上の姉ブローニャのことであった。ブローニャは女学校を卒業するとすぐ母の代わりになって、ひとりで家のことといっさいの世話をひきうけていた。

しかし、ブローニャの希望はパリに行って医学を勉強することであるのを、妹のマリーはよく知っていた。マリー自身もパリへ出たい望みをもっていたが、姉思いのマリーは何とかして、ブローニャの望みをかなえてあげたいと考えた。けれども、パリに留学するには、たくさんのお金が必要であった。父はあいにく仕事に失敗していたので、娘たちを留学させることができなかった。マリーはいろいろ考えたあげく、お金を手に入れるプランをたてた。それはマリーが住みこみの家庭教師になることであった。月々いただくお給金の中から、ブローニャにお金を送って、パリで勉強させることを考えついた。そしてブローニャが無事に卒業したら、マリーと代わる約束をした。

六、七年の歳月が流れて、やっとマリーの番がきた。一八九一年十一月、マリーはパリにつき、ながくあこがれていたソルボンヌ大学の門の前に立つことができた。女学校を卒業してから八年、家庭教師を六年して、二十四歳ではじめてソルボンヌ大学の門をくぐったマリーは、感激でただ胸が一杯であった。それからマリーはわれを忘れて勉強をした。屋根裏部屋の貧しい生活にもめげず、ただ夢中で勉強を続けた。こうして、マリーの生まれつきの才能には人もおどろくほどのみがきがかかった。

マリーは大学を卒業すると、天才的な物理学者、ピエール・キュリーと結婚して、フランス人となった。まもなくかわいい娘のイレーヌが生まれた。

そのころ、うす暗い、人通りの少ないせまい町に、みすぼらしい一むねのバラックがあった。これがパリ市立物理化学学校であった。ピエールはこの学校で物理学を教えていた。学校の片すみにある倉庫がマリーとピエールの研究室であった。床はただの土間で、ほこりだらけのガラス窓からは弱い光りがさしこんでいた。天井はいたるところ雨もりのしみでよごれていた。

マリーはウラン化合物から出る放射線について研究をしていた。ピッチブレンドという鉱物から、ウランを分ける仕事がはじめられていた。この鉱物から純粋なウランをとり出すことは、けっしてやさしいことではない。マリーは朝早くから夜おそくまで、休みなくはげしい労働を続けなければならなかった。

家に帰れば娘のイレーヌの世話をしなければならず、またそのほかの家事にもおわれた。けれども、マリーはわずかのひまをおしんでは勉強を続けた。マリーにとっては、ピエールと一緒に研究を続けてゆくことが最大のよろこびであった。

マリーはやがて、ピッチブレンドの中に、二つの新しい放射性元素が含まれていることを予告した。そしてその一つは一八九八年七月に発見され、ポロニウムと名づけられた。マリーの祖国ポーランドにちなんで命名されたのである。残る一つは同じ年の十二月にとり出された。これがラジウムであった。ラジウムというのは、「放射線を出すもの」という意味である。これらの新元素の発見は世界中に一大センセーションをまきおこした。放射能をもつ元素が存在していることは、今まで全く知られていない新しい発見であった。

ラジウムの発見は、ピエールとマリーの共同研究として、一九〇三年度のノーベル物理学賞の受賞となった。ピエールは四十四歳、マリー三十六歳の若さであった。

一九〇六年、不幸にもピエールは馬車にひかれ、無残な死をとげた。マリーはピエールの死後一九一一年、さらにノーベル化学賞を授けられた。やがてパリ大学の教授に選ばれたマリーの上には、数えきれないほどの名誉が降ってきた。しかしマリーはこれらを少しも誇ることなく、あのうす暗い倉庫の片すみでピエールとともに実験していた時と同じように、たゆまず研究を続けた。

一九三四年七月四日、マリーは自分の発見したラジウムの放射能でひきおこされた悪性貧血のために、この世を去った。

マリーの輝やかしい一生は、マリー自身の、まれにみるすぐれた科学的才能によるものであることはいうまでもないが、それに加えて、ピエール・キュリーという、ゆたかな才能をもち、またすぐれた人柄の物理学者に出会ったことにはじまったということができよう。

ピエールとのめぐりあいによって、マリーのひいでた才能はいっそうみがかれ、はぐくまれ、マリーの科学者としての生涯の道しるべが与えられた。

結婚してからわずか十年ばかりで、突然におそったピエールの死は、マリーを悲しみのどん底におとし入れた。が、マリーはピエールとのめぐりあいによって開かれた道を、ただひたすらに歩み続けることによって、悲しみから立ち上がった。そうすることが、彼女の生きがいともなった。

しかし、マリーを栄光の座に導いたものは、彼女の心優しい人柄、誠実さ、それに人一倍の勤勉さであり、これらがマリーのすぐれた才能を十二分に発揮させるための大きい原動力となったことを、見逃してはならないであろう。

パリで医学を勉強している姉ブローニャの学資を得るため、六年間を住みこみの家庭教師となって働いたマリーは、二十四歳の時はじめてあこがれのソルボンヌ大学の門の前に立った。女学校を卒業してから八年の長い間、ひたすらこの日のために働き続けたマリーの感慨は、いかばかりであったろう。屋根裏部屋の貧しい生活にもめげず、マリーは一生懸命勉強した。忍耐力のつよい、意志の強固なマリーの性格の一面をうかがい知ることができよう。

ピエールと結婚した後も、生活は相変わらず貧しかった。しかし、二人のたゆまぬ努力は、やがてポロニウムとラジウムの二つの新しい放射性元素の発見に到達した。放射能の発見は、学界に文字通り、大きなセンセーションをまきおこした。

ラジウムが病気を治療するのに、大変有効であることがわかると、多くの人がラジウムに関心をもちはじめた。が、ラジウムをつくり出す方法は、キュリー夫妻のほかは知られていなかったので、当然、特許権の問題がおきた。特許権をもつことが、キュリー夫妻を経済的にゆたかにする道であることは明らかであった。しかし、マリーは、科学者の発見したものは、すべての人が利用できるようにすべきであると考え、産業界からの特許権の申出をことわり、研究の成果はすべて、あますところなく公表した。ピエールはノーベル物理学賞の受賞講演で、「犯罪者の手にかかれば、放射性物質は非常に危険なものになりかねない。自然の秘密をときあかすことが、はたして人間に幸福をもたらすことになるであろうか。人間はそうして得た知識を使いこなすほど成熟しているであろうか。ノーベル博士がつくり出したダイナマイトと同じように、それが戦争にひきずりこむ大犯罪者の手にかかれば、放射性物質はおそろしい破壊の手段になるものである」と述べている。

　彼らが予言したように、世界はいま、核兵器の脅威によって、人類存亡のきわに立っている。キュリー夫妻の、歴史に対する洞察力の深さに感嘆するのほかはないが、われわれはピエールの言葉の意義を、さらに深く学ばなければならない時に生きているのではなかろうか。

　ピエールの突然の死のすぐあと、フランス政府はマリーと子供たちに、年金を出すように手続きを進め、マリーの承諾を求めた。しかしマリーは、二人の子供を育てるくらいのことは、彼女自身の働きでできるといってこれをことわった。

他人にはたよらないという考えと、人類への奉仕の精神は、マリーの一生をつらぬいた。

ワルシャワに生まれ、そこに育ったマリーは、ロシアの圧政に苦しんでいた当時のポーランドの国民の生活のみじめさを、身をもって体験していた。「自由」と「独立」は、このようなマリーにとっては、何ものにもかえがたい貴重なものであったに違いない。

マリーは、「私は科学が大きい美をもっていると考えるものの一人であります。研究室にいる学者は単なる技術者ではありません。それはおとぎばなしのような感動を与える自然現象に向っている子供でもあります」と述べている。

マリーの教えにしたがって、日本でも、自然の秘密と美しさを探し求める女性が、少しでも多くなることを期待したい。

マリーが死ぬ少し前に、輝やかしいマリーの一生について語ってほしいと、マリーにたずねた人があった。マリーはそれに対して、言葉すくなに、つぎのように答えた。

「私は数学の教師の子供としてワルソーに生まれました。ピエール・キュリーと結婚し、二人の子供をもちました。そして、フランスで仕事をいたしました」

これが人類の生んだ最大の科学者の一人、マリー・キュリーの自伝であった。

マリー・キュリーの伝記異聞

マリー・キュリーの伝記をはじめて読んだのは、私が専門学校（現、東邦大学理学部）に入学してからのことで、一九四〇年ごろであった。

自然科学の勉強をしはじめた女学生にとって、マリーは最も尊敬している人物の一人であり、あこがれの人であった。また、私とは別の、遠い世界に住む人のようでもあった。しかし、そのひととなりを知るにつれ、私はマリーへの尊敬の念を一層深めた。また、非常な親しみを感ずるようになり、マリーとのへだたりが急に小さくなったような気がした。感動しながら、マリーの伝記を読んだことを今でも思い出す。

その伝記は『キュリー夫人伝』（川口、河盛、杉、本田訳　白水社）であり、わが国で出版されたのは、一九三八年、マリーの死から四年後であった。著者は、マリー・キュリーの次女エーブである。生まれてから三十年間マリーの最期をみとるまで、文字通り苦楽をともにした親子の日々の生活を通して、娘の心に残った一人の偉大な科学者がまた母親が書かれている。

その後一九七六年に、『キュリー夫人の素顔』（ロバート・リード著、木村絹子訳、上

下二巻　共立出版）が出版された。著者のリード博士はオックスフォード大学出身、ケンブリッジ大学の理学博士で、研究経歴もある科学ジャーナリストである。『キュリー夫人の素顔』は『キュリー夫人伝』とは異なり、きわめてセンセーショナルな読物として書かれている。

一例をあげるなら、ピエールの交通事故死は、ピエールの教え子である一人の科学者と妻マリーとの恋愛事件に、心を痛めていたためにおこった事故であるとしたり、またマリーのノーベル賞受賞に対する一種の誹謗《ひぼう》を、マリーの研究業績への評価として、悪口、ねたみ等をそのままのせ、センセーショナルな読物として大きくあつかっている。

そのあらましをお伝えしよう。

ポーランドの貧しい家に生まれたマリーは、フランス留学の資金を稼ぐ。この間に経験した初恋に、マリーはあえなくやぶれる。やがてマリーは待望のソルボンヌ人学に入学したものの、依然として貧しく、苦しい屋根裏部屋生活を続ける。大学を卒業すると、二人から求婚され、その一人、ピエール・キュリーと結婚した。ピエールとの貧しいが幸福な結婚生活、やがてイレーヌが誕生した。

そのころ、レントゲンによってX線が、またベクレルによって放射線が発見された。

マリーは博士論文のテーマとして、ウランの放射線に関する研究を選んだ。この研究論文は一九〇三年に完成し、パリ大学から理学博士号を授与される。この研究を行なうために、ピエールは勤務先の物理化学学校の一階の倉庫の一部を借りうけた。

マリーはここで大量のウラン鉱物（ピッチブレンド）にとり組むことになる。粉にしたピッチブレンドを酸にとかし、つぎつぎと元素を分離してゆく作業がはじまった。一八九七年十二月からの三年間、マリーはピエールとの共同研究に全力を注いだ。体力的にも限界すれすれのつらい毎日であったが、彼女の人生にとって最も充実した、しあわせな年月であった。この仕事がのちに、新しい元素のポロニウムとラジウムの発見を導くのである。

換気のわるいせまい小屋で、多量の放射性物質をあつかったマリーは、かなりの量の放射線被曝をうけた。このためであろうか、一九〇三年八月、マリーは二人目の子供を流産した。そのころから、彼女はいつも疲れ気味で、見た目にもふけてきた。

一九〇三年十一月、ピエールとマリーはノーベル物理学賞の受賞のしらせをうけるが、二人とも体の具合がわるく、ストックホルムには行けなかった。一年半ほどおくれて、一九〇五年六月に、ストックホルムでピエールが代表して受賞講演をすることになる。

ピエールの事故死のあと、ピエールの後任としてマリーがパリ大学の講師に就任し、彼の講義のあとをひきついだ。また、マリーはすすめられるまま、フランス科学学士院会員の選挙に立候補し、一票の差で落選する。

ついでマリーと、ランジュバン教授との恋愛事件が設定され、センセーショナルな記述となる。

ランジュバンはピエールの弟子であり、物理化学学校のピエールの後継者となった物理学者である。本書はこの恋愛事件を大きくあつかい、著者はこれをもとに、いろいろと事件を推理していく。

たとえば、ピエールの交通事故について、「妻と自分の昔の教え子との恋が、彼を自殺においやったのではないか。このうわさを裏づける証拠書類は何一つ残っていない。しかし、このうわさは根づよく、今日でもささやかれている」という。さらに一九一一年、マリーがうけた二回目のノーベル賞受賞について、「この受賞を正当化するような科学的業績はなかった。むしろ恋愛事件等からの、政治的収拾策であった」と述べている。これらの裏づけの一つとして、ラザフォードらの手紙を引用する。ラザフォードは彼女に「友情にみちた手紙」を送ったが、友人ポルトウッドには「ノーベル賞はリチャーズがもらうべきであった」と書く。ポルトウッドはラザフォードに

「キュリー夫人は私がいつも考えていた通り、ただのいまいましいバカ者です。やがて貴方もそのことを確認されるでしょう」と書いているという。

やがて、マリーは放射線障害に苦しむようになる。しかし第一次世界大戦中は、医療用レントゲン設備の開発に献身的に活躍する。アメリカの婦人記者の厚意ある応援を得て、アメリカを旅行し、有志からラジウムやピッチブレンドの提供や巨額の寄付をうけ、研究所運営の危機をのり越えた。

この後、アメリカ旅行中に日常生活、研究に大きい違いを見出したマリーは新しい科学の革命のはじまりを感じたという。一九三二年ごろから手首を骨折したり、膀胱結石をおこして入院し、最後はスイスの療養所でエーブに見とられながらマリーは静かに世を去った。

『キュリー夫人の素顔』とほとんど時を同じうして『母と娘の手紙』（西川祐子訳　人文書院）がジレット編で出版された。

編者はジャーナリストである。資料の提供者はイレーヌの子供たち、エレーヌ・ランジュバンとピエール・ジョリオであろうか。約四〇〇通の手紙が集められ、その中から選ばれた。

第一部はイレーヌの手紙のうち、ただ一通残っている父親あての、一九〇五年六月五日付のものからはじまっている。マリーとピエールは、一年半おくれのノーベル賞受賞講演のためストックホルムにいた。イレーヌは七歳であった。

一九一一年、イレーヌは「ペランご夫妻やシャバンスご夫妻（ともに物理学者）は、私を有名人の娘としてではなく、かしこくて感じのいい女の人の娘として、大事にして下さるのだと思います」と母に書いた。十四歳の娘が母への尊敬の念を明らかにするとともに、母の気持ちをふかく理解しているイレーヌの並々ならぬ聡明さを示している。一九一一年にはマリーは二度目のノーベル賞をうけた。

長女イレーヌを囲むキュリー夫妻

　第二部は第一次大戦中、国のために直接働くことができず、夏休みを田舎で送っているイレーヌにあててマリーは「一生懸命勉強しなさい、そして未来のフランスのために働きなさい。いまはフランスのために働くことができないとしても、戦争のあとでは、悲しいことですが、人材が不足します」と書き送り、科学者らしく冷静な見通しをもって娘を激励している。落着いたらすぐ帰ってきて下さい。たのみます」と書いている。小さい時から科学者を志してきたイレーヌとは、お互いに心の底から理解しあえる友だちでもあったのだろう。戦争がはげしくなるにつれて、医療用レントゲン撮影機の必要性が急増した。マリーはイレーヌをレントゲン技師として同伴し、病院をまわり、レントゲン部門の設置をすすめて歩いた。

第三部はイレーヌがジョリオと結婚し、すぐれた科学者に成長してゆく過程、研究所長のマリーの片腕として働く様子、またイレーヌの子供の誕生を喜び、孫への心くばりをする優しいマリーが断片的にのぞいている。

この書簡集には、若くして夫を亡くした母と幼い時に父を失った娘が、科学の道を歩む先輩・後輩として、ともに類まれな才能に恵まれ、限りない尊敬と信頼の中ですごした母娘の対話をみることができる。私は改めて深い感動をおぼえた。もしピエールの事故死がなかったら、多分、この書簡集は別の形になったにちがいない。

『キュリー夫人の素顔』と『母と娘の手紙』は全く対照的であるといえよう。前者はつめたく、より非情にマリーをえがき、恋愛事件に多くのページをさいている。この点がいままでのキュリー夫人伝とちがう重要な相違点である。

いままでは一般に、マリーは聖女であると考えられてきた。しかし、恋愛事件によって聖女が俗界にひきおろされたという感じをもつかもしれない。しかし、実際に科学研究にたずさわってきた者から見れば、決してそうではない。マリーが達成した科学研究のレベルは、普通の科学者では絶対といっていいくらい達しがたいものであり、科学の勉強をすればするほど、彼女の偉大さが明らかになってくる。

こういう見地からみればここに書かれたプライベートな事件がたとえ実際にあったとしても彼女の真価をきずつけることはないであろう。

一人の科学者が二度までノーベル賞をうけることは大変な栄誉であり、この上ない称賛をうけた。しかし、称賛のかげには、多くの嫉妬やねたみがひそんでいるのも、残念ながら人の世の常である。マリーも例外ではなかった。とくに彼女の出生地がポーランドであるための非難が多い。

「たかがポーランド女のくせに……」、「生まれも貧しいポーランド人のくせに……」。さらに、

「あの女は高い地位を得るためにパリにきた横領外国人である」とまで陰口をいわれ、書かれ、中傷に悩まされたマリーを見逃がしてはならないのではないか。ここではあ

まりふれられていないが、むしろ、「キュリー夫人の素顔」を書こうとするならば、恋愛事件よりも、人種差別やあるまじき嫉妬、異邦に一生をすごした人の悩みに注目すべきではなかろうか。

マリー・キュリーは、大変奥行のふかい女性である。その人格を知れば知るほど魅力を増す人である。生まれがポーランドでありまた女性であるがために、多くの誹謗や中傷をうけた。しかし、それらに影響されることなく、ひたすら科学者の道を歩みつづけたマリーは、私は人間としての最高の知性をみる。心からの尊敬の念をもつ理由の一つでもある。マリーの後姿を思い出すたびに、私は、いつも胸のいたくなるような感動をおぼえ、励まされる。

自然科学の勉強をしている女性に対して、世間ではすぐキュリー夫人をひきあいに出す。科学者になることは、男も女もその気になれば、さほどむずかしいことではない。しかし、キュリー夫人のような立派な科学者たりうることは、男女を問わず、ほとんど不可能に近いほどの難事業である。キュリー夫人のようなまれにみる人格は、全人類を通じて、一世紀に一人ぐらいしかあらわれない神秘ともいうべき存在であると私は思う。

リーゼ・マイトナー　――原子力時代の基礎を築いた女性――

リーゼ・マイトナーという人

リーゼ・マイトナーは、一九四四年度のノーベル化学賞を受賞したオットー・ハーンと長い間、共同研究を行なった女性である。そしてハーンが発見した原子核分裂の理論物理学的解明をしたのが、リーゼである。

リーゼ・マイトナーは、一八七八年十一月七日、ウィーンで生まれた。法律家を父とする七人兄妹であった。ウィーン大学の学生であった一九〇二年、マリー・キュリーが、ピッチブレンドという鉱石から、ラジウムを分離することに成功したという新聞記事を読んで、異常なまでの興奮をおぼえたという。ちょうどボルツマンの下で、理論物理学の勉強をしはじめた時であった。

当時、ヨーロッパの大学にいた多くの物理学者たちは、すべての物質が原子と呼ばれるごく小さく、目に見えない粒子からできているという考え方を、必ずしも、支持していない状態にあった。

しかし、ウィーン大学のボルツマンは原子理論の支持者であり、大学の講義でも、リーゼたちは、彼が情熱をもって話す原子説をきいたという。マリー・キュリーたちの放射能の発見は、この極超微粒子の存在に、実験的な証拠を与えたものであった。放射能の発見は、自然界における最も微小な粒子があり、それはそれ以上分割することができず、目にも見ることができない原子であるという概念を確かにした、一つの革命であった。

紀元前五世紀に、ギリシャのデモクリトスは、すべての物質は目に見えない粒子でつくられていて、その粒子はみんな同じ物質から構成され、一定の運動をしていると考えた。これを原子（アトム）と呼んでいた。「アトム」というのは、ギリシャ語で「分割できない」という意味である。そのころから考えると、約二四世紀も経たのち、科学および科学技術の発展によって、ようやく、原子という考え方が、明確な事実として、了承されたということができよう。

放射能の発見が、原子の中にさらに小さい粒子が存在することを、実験的に証明したことになろう。放射能の発見によって、新しい原子物理学の夜明けを迎えた時に、リーゼは立っていたのである。彼女は大学で、数学と理論物理学を猛烈に勉強したと伝えられている。

オットー・ハーンとの出会い

一九〇六年、リーゼはウィーン大学から理学博士の学位を授与された。その翌年、リーゼはベルリン大学に二年間留学をすることをきめた。大学では世界的に有名な物理学者、マックス・プランク（一九一八年、ノーベル物理学賞受賞）の指導をうけた。そののち、リーゼは実験的な研究をしたいと考え、物理学教室の主任教授であったルーベンスに相談した。ルーベンスは数名の若い研究者の名前をあげたが、とくに放射性物質の研究をしていたオットー・ハーン（一九四四年、ノーベル化学賞受賞）を推薦した。彼女は前に述べたように、ベルリン大学には二年の留学のつもりでいたが、オットー・ハーンとの出会いがきっかけとなって、ついに三十余年におよぶ共同研究を続けることとなり、一生涯を通じて互いに最も親しい友人の一人となった。

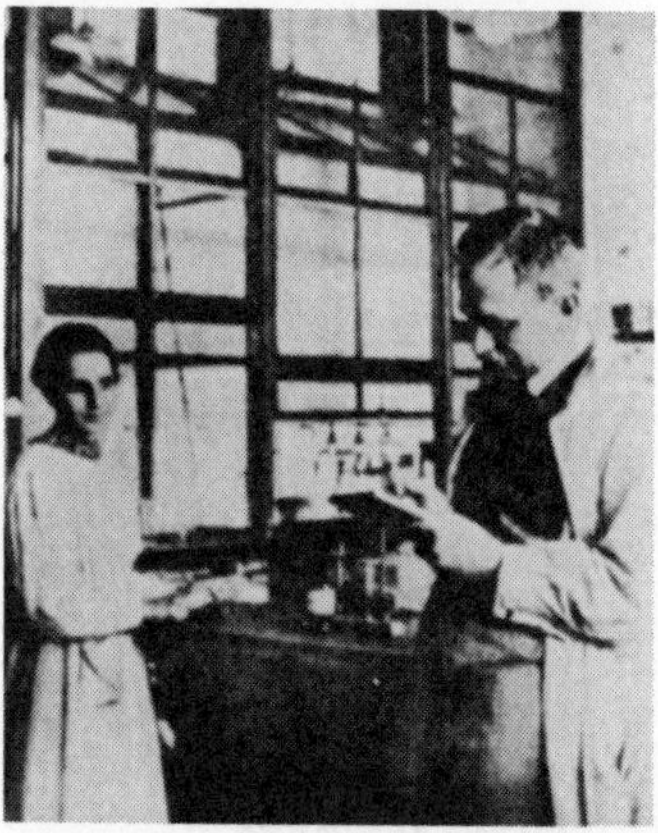

研究室のリーゼ・マイトナーとオットー・ハーン

リーゼの希望通り、ハーン自身はリーゼとの共同研究を快諾したものの、まず困ったことは、化学研究所の所長であったエミール・フィッシャーが女人禁制の習慣を守り、ハーンの申し出をうけられないとしたことであった。ハーンは何とか同じ研究室で研究ができるよう努力したが、いろいろ折衝の末、次のような条件で二人の共同研究が認められることとなった。それは屋上にあった木工室なら研究をしてもよいことであった。ただし、男子学生が研究しているハーン自身の研究室には出入りは許されなかった。

しかし、木工室で化学の実験をすることは無理なことであった。ところが、大変しあわせなことに、無機化学教室の、主任教授であったアルフレッド・ストックが、彼の私的研究室の二つの中の一つを、ハーンに貸してくれることとなった。その研究室にはテーブルが一つと、水銀を満たした大きなお盆が一つおいてあるだけであった。

水銀はストックが、当時気体についての研究に用いていたものである。

部屋の床を見ると、木製の床のすき間には、無数の水銀の球状の小さい粒が散乱していて、これを清掃することもなかった。そのため、後になって、ストックは水銀の毒性のため病に倒れたのである。当時、水銀の毒性については、まだあまり解明がすすめられていなかった。水銀が蒸発して、それを吸入することの危険性については、あまり考えてもいなかった時代である。このような問題のある部屋がリーゼに与えられたのであった。

リーゼは、困難な条件下でハーンと共同研究をするようになってからも、忙しい毎日であった。マックス・プランクの講義やセミナーにも、彼女は時間をとられた。ハーン自身も放射化学の研究に忙しかった。しかし二人は、忙しい合間をぬって研究計画を立てた。まず、放射性元素から放出されるベータ線の吸収に関する研究を進めることになった。こうして二人の共同研究は一九〇七年十月にはじめられ、一九三八年まで、三十年余の間続けられた。

一九一二年、カイザー・ウィルヘルム化学研究所が、ベルリン大学付置として開設され、ハーンは化学研究部長、のちに研究所長に任ぜられた。リーゼはマックス・プランクの助手となった。

物理学研究部長となる

それから五年後、リーゼはカイザー・ウィルヘルム化学研究所の物理学研究部長として迎えられた。わずか数年前までは女人禁制であったベルリン大学の付属研究所の、しかも研究部長に任ぜられたリーゼの感慨は、いかばかりであったろうか。

有機化学を専攻したハーンと、理論物理学と数学をきびしく学んだリーゼとの共同研究は、お互いを充実させるに大変有効であった。二人は、放射性元素から放出される放射線の測定および、その物理学的、科学的性質の究明と、研究を活発に展開していった。

リーゼは、世界的な科学者が大勢集まっているこのベルリンで、自由に研究のできる地位を与えられ、この上なく幸福であった。

一九一七年、リーゼはハーンとの共同研究で、九一番元素のプロトアクチニウムを発見した。この元素は、九二番元素であるアクチニウムの前に位置するという意味で、この名がつけられた。

一九二四年、リーゼはベルリン科学アカデミーからリーブニッツメダルを、また一九二五年には、オーストリア科学アカデミーからリーバー賞を授与された。一九二六年、彼女はベルリン大学の特別待遇の教授に任ぜられた。

第二次大戦がはげしくなり、ユダヤ系科学者へのナチスの迫害がひどくなった。リーゼはヒットラーによる虐待をのがれて、とりあえずコペンハーゲンに、のちにストックホルムに移った。コペンハーゲンには、彼女の甥であるオットー・フリッシュがコペンハーゲン大学にあって、有名な理論物理学者のニールス・ボーア（一九二二年、ノーベル物理学賞受賞）の下で研究をしていた。

一方、ベルリンでは、ハーンとストラスマンが、リーゼの残してきた研究をひきついでいた。自然界では最も重い元素であるウランに中性子をあてて、ウランより重い元素を人工的につくる研究を進めていた。しかし、この研究が予想とは全く異なる方向に発展した。ウランに中性子をあてることによって、ウランより軽い元素であるバリウムがつくり出されたのである。このことは化学分析によって、たしかめられた。しかし、この結果は当時の核物理学の知識では、全く理解できない現象であった。

リーゼはこの経過をスウェーデンできいた。当時彼女はストックホルムにある科学アカデミー物理学研究所にいたが、これは九二番元素ウランが中性子照射によって、五六番元素バリウムと三六番元素クリプトンの二つの原子核をつくったのではないかと考えた。彼女はこの考えを、コペンハーゲンにいたフリッシュに伝えた。フリッシュは直ちに、ボーアにこのことを伝えた。

核分裂の発見

リーゼとフリッシュは、この論文を英国の科学誌「ネーチュア（自然）」に送り、これは一九三九年一月十六日号に掲載された。ハーンとストラスマンによって発見された現象は、ウランの原子核が二つに割れたためであるとし、この論文で、この現象を「原子核分裂」と呼んだ。「核分裂」という言葉は、この論文ではじめて使われたのであった。ハーンとストラスマンの実験結果は、原子核分裂として、見事な理論物理学的解明をリーゼとフリッシュが与えたのである。

原子核分裂は、重い元素の原子核について期待される現象であり、この現象をおこすためには、二億電子ボルトのエネルギーが必要であると計算された。普通の化学反応をおこすに必要なエネルギー量は一〇から一〇〇電子ボルトである。核分裂には莫大なエネルギーを要することがわかった。

フリッシュは、核分裂に関する理論的解明を、折からアメリカに出航するボーアに伝えた。ボーアはアメリカ大陸に上陸した日に、コロンビア大学やプリンストン大学にいる友人たちに、この新しい論文の内容を書き送った。また十日後には、ワシントンで開かれた物理学会において報告したので、広く知れわたった。

この新しい発見が、物理学者たちに大きい衝撃を与えたことはいうまでもない。フリッシュはコペンハーゲンにおいて研究を続けた。原子核分裂であるという証拠はゆるぎないものになった。一方、アメリカでも実験をはじめて、フリッシュの実験結果を再確認した。

アメリカでは「核分裂」が発見されてから十三カ月後の一九四〇年二月に、コロンビア大学に、核分裂の連鎖反応を実際に行なうことができる装置をつくるための、予算要求を提出した。その結果、政府から六〇〇〇ドルが支出された。

「核分裂」とは、すでに述べたように、原子の中に入っている原子核が二つに分裂することであるが、重要なことに、分裂の際、途方もなく大きいエネルギーを放出することがわかった。このエネルギーが用い方によっては、原水爆の爆発力であり、また原子力発電の原泉ともなるものである。

今日の原子力時代の基礎を築いた科学者の中に、マリ・キュリーとリーゼ・マイトナーという二人の女性科学者のあったことを、私は誇りにし、この科学的な大発見が将来、人類にとって幸福を与える道に発展することを切に望みたい。

第二次大戦が終った時、リーゼは次のように述べた。「原子核分裂の発見が、ちょうど戦争の最中であったことは、大変不幸な出来事でした」。

リーゼは、ウィーン大学を卒業したのち、さらにより高い学問研究の場を求めて、ベルリンに出た。しかし、せっかく訪れたベルリンの研究所は女人禁制であった。男性と同じように研究することは許されなかった時代であった。

この時、この研究所でリーゼとの共同研究をうけ入れることを申し出て、その実現に力をかしてくれたのが、オットー・ハーンであった。ハーンとの出会いなくしては、リーゼの科学者としての大成はなかったであろう。ハーンの科学者としての立派な人柄が、リーゼを偉大な女性科学者に育てあげたということができよう。女性蔑視の中で、研究をしあげてゆくリーゼの意志のつよさ、科学への執念が、彼女の科学者としての底力であったことはいうまでもない。迫害に耐えながら、異国で、科学研究への情熱をもちつづけたリーゼの生き方は、私に多くの問題をなげかけている。

その後、リーゼは故郷オーストリアに二度と帰ることなく、スウェーデン政府からの優遇をうけ、マイトナー研究所の設立など、科学者として充実した晩年をストックホルムですごした。そして、一九六八年十月二十七日、八十九歳の生涯を閉じた。

ソーニャ・コバレフスカヤ ——その劇的な生涯——

ソーニャ・コバレフスカヤ夫人

十九世紀の偉大な数学者、ソーニャ・コバレフスカヤ夫人は、一八五〇年一月十五日、砲兵将官のイバン・セルゲービテ・ラエフヌスを父に、ドイツの貴族出身の美しく優しいエレナ・バブロフナを母として、モスクワに生まれた。

六歳年上の姉アニュータと、三つ年下の弟フェージアの三姉弟で、乳母に抱かれ、家庭教師にはぐくまれながら、ソーニャは何不自由なく幸福な少女時代を送った。

アニュータは美しく、優しく、才能も知識もゆたかで、あらゆる点ですぐれていた。

器量よしのアニュータは成長とともに、ますます美しくなった。ソーニャは美しく聡明な姉をしたって、いつもそのあとを追っていた。アニュータもいつまでたっても、あどけない顔をしている妹ソーニャを、この上もなく可愛いがった。ソーニャは姉たちの話をいつも眼を輝やかせながら、だまっておとなしくきいていた。

娘たちの野望

そのころのロシアは、革新運動がもり上り、婦人が社会的にも進出しはじめていた。若い娘たちは古い伝統から抜け出し、自由と平等を求めてはげしい運動を展開していた。上流の若い娘たちの中には、外国留学を希望する者がつぎつぎと現われはじめた。

アニュータもその一人であった。しかし、当時の親たちは、娘の教育を結婚への準備として、よき妻にしたてることだけを目的とした。娘を社会的に独立させることなど思いも及ばなかったので、若い娘の外国留学には多くの親たちが反対した。けれども、娘たちは親たちの反対ぐらいにはめげなかった。そして、その障害を越える一つの方策を考え出し、すぐに実行しはじめた。

それは、彼女たちと同じような思想をもっている青年と、名義だけの結婚をすることであった。結婚することによってのみ彼女たちは親から離れて、はじめて自由を得ることができた。当時の若い女性にとっては非常に大胆な方法ではあったけれども、それが外国へ出かけるただ一つの道として、上流の娘たちの間では、すでに流行のようになっていた。

作家を志望していたアニュータは、親友のイネズと二人でこのような思想をもつ青年を探していた。二人の中、どちらか一人が名義結婚することによって、二人で一緒に外国へ行こうという計画であった。

やっと若い独身の大学教授を見つけ、三人でその教授の家を訪ねた。ソーニャは例によって、アニュータのおともであった。しかし、教授は「私はそんな申込を受ける気は少しもない」と、彼女たちの申出を即座にことわった。

アニュータたちはこの失敗にもひるまず、さらに相手を探し歩いた。そして若い、まだ大学生ではあるが、非常な秀才で家柄もよい青年を見出すことができた。この青年となら、アニュータの家でも、あるいはイネズの家でも、結婚に反対はなさそうに思えた。彼は大変ものわかりがよく、その上彼自身もドイツの大学へ行きたがっていたので、彼女たちの申出を受け入れてくれそうに見えた。しかし、彼の答はあまりにも意外であった。「僕は、その計画に加わるのは大賛成だけれども、自分の妻としては、ソーニャを望みたい」というのである。

名義結婚へ

六歳年上の姉アニュータは、まだ結婚していない。「いい相手」が姉に結婚を申込んだのであるなら、父も反対しないことはわかっていた。姉は結婚しなければならない年齢になっていたのである。したがって、姉をさしおいて、妹と結婚したいという申出は、ソーニャの父親から、当然のことながら、にべもなくことわられるはめとなった。

さらに困ったことは、ソーニャの一家が元の領地にもどらねばならないことになった。いま住んでいる町を去って、田舎へ帰ることは、ソーニャにとっては、すべての希望を失うことのように思えた。

ソーニャは悩んだ。生まれつき情熱家のソーニャは、日ごろは内気でおとなしく見えたが、ひとたび決心すると、びっくりするような、はげしい気性の女性となった。

この難関をのり越えるために、ソーニャはつよい意志を発揮した。ソーニャは家出をしても、勉強のために外国へ行こうという選択をした。いままで姉アニュータのあとをしたっていたソーニャは、すべてのことに、まだ一人歩きをしたことがなかった。そのソーニャが、突如として、家出を決行したので、一時は家中大さわぎとなった。ソーニャの一途な気持は、結局、親たちの怒りをしずめ、結婚が認められ、一八六八年十月、ソーニャ十八歳の時、パリビノで結婚式をあげた。相手の青年の名は、パルデマル・コバレフスキといった。

若い二人はサンクト・ペテルブルグへ出発した。ここには数カ月滞在した。その間、ソーニャの熱心な希望で、コバレフスキはソーニャをいろいろな政治団体の活動家にひきあわせた。

一八六九年、二人は祖国をあとにした。ソーニャは当時十九歳。ハイデルベルヒ大学に入学すると、二人は一生懸命勉強した。ソーニャは数学、コバレフスキは地質学を専攻した。ソーニャは学問にはげむことに、この上ない幸福を味わった。

まもなく、ソーニャはベルリンに移った。このころのベルリン大学は、女子学生の入学を許していなかった。近世解析学の父として認められていたバイエルシュトラス教授に、個人教授をおねがいした。一週間に一度、教授が指導にきてくれた。日曜日には、ソーニャが教授の所に出かけて、教えをうけた。

そうするうちに、ソーニャは数学に異常な才能のあることが認められ、大学で評判になった。しかし、ソーニャは自分がすばらしい才能の持主であることを、誇るようなことはなかった。いつでも自分を低く見て、他の人を尊敬した。その結果、ときには人をかいかぶりがちでさえあった。

ソーニャは熱心に勉強したかいがあって、一八七四年、ゲッチンゲン大学から博士の学位がさずけられた（当時、ドイツでは、学生はどの大学でも講義をうけることができた）。二十四歳の若さであった。バイエルシュトラス教授の下で研究をはじめてから、わずか四年後であった。

博士の学位をとる時には口頭試問があり、教授たちからの直接の質問に答えなければならない。ソーニャは、ゲッチンゲン大学の博士課程担当の部長に手紙を書いて、口頭試問の免除をお願いした。理由は、ロシア人であるソーニャとしては、ドイツ語による口頭試問は、言葉によるハンディキャップがあるというものであった。

ソーニャの要望は、彼女が提出した論文がきわめてすぐれているということによって、受諾され、口頭試問はソーニャの希望通り免除された。この学位論文は、非常にすぐれたものとして、学会の注目をあびた。

コバレフスキも地質学で博士の学位をとり、やがてモスクワ大学に古生物学の教授として迎えられることになった。二人はモスクワに帰り、はじめてまともな結婚生活に入った。夫には優しく愛され、そのうち娘も生まれて、ソーニャは幸福であった。

しかし、この幸福な生活は、長続きしなかった。ソーニャは父から、いくらかの財産を分け与えられていた。ソーニャがいくつかの企業に手を出すようになったのは、その後のことであった。サンクト・ペテルブルグに入浴会社をたてたり、果樹園をつくった。また、新聞を編集したり、変わった発明をしたり、企画したことは、すべて面白いように、順調に発展した。夫は、これらの企業経営に夢中になり、すっかりそのとりこになってしまったのである。

ソーニャは夫がふたたび、科学に興味をもってくれるように、自分も一緒になって地質学の研究や講義の準備を手伝うなどの協力をし、何とかして昔の生活をとりもどそうと努力した。

またソーニャは、あらゆる手をつくして、家庭生活を楽しくしようと試みたが、すべては無駄であった。夫はかつてのコバレフスキではなく、全く異なる人間になってしまったのである。つかの間の幸福をとりもどそうと一生懸命努力したのであるが、いまや彼女はこの望みを捨てる決心をせねばならなかった。ソーニャは自分と小さい娘のために、自分で未来をつくらねばならないと考え、ふたたび外国へ出かけ研究生活に専念しようと心にきめた。過ぎし日を省み、またこれから先の生活を思うと、淋しさに涙があふれ出た。しかし、かつては、仕事が彼女の全生活であったことを思い浮べて、自分の心にむちうった。

パリで研究を続けているうちに、ソーニャはポーランド人と恋仲になった。この青年は数学者であるとともに詩人であった。ソーニャを彼ほどよく理解した人はなかった。もし人間が、男女一組ずつつくられたものならば、この二人こそ、その一組というにふさわしかった。二人が話しはじめると、我を忘れていつまでも話し続けるのであった。しかし二人は結婚することはできなかった。青年は未婚であったが、ソーニャは夫と別居しているにすぎなかったからである。

そのうち、ソーニャにとっては大変な事件がおきた。コバレフスキが詐欺師にだまされたことを知って自殺したのである。ソーニャは夫を最後まで助けることもしないで、おき去りにしたという後悔の念にさいなまれた。彼女の容貌はにわかに衰えはじめた。

ソーニャは祖国を後にしたころから、どこかの大学の講師になりたいと望んでいた。彼女の生活は父の遺産で十分であったが、彼女と同じような研究をしている人々にかこまれて働きたいと考えていた。この希望はやがてストックホルム大学の教授に任命されることによって実現した。大学教授として働くうちに、ソーニャはすっかり若さをとりもどした。

ボルダン賞受賞

ソーニャはその天分を発揮して、ついにフランス科学学士院からボルダン賞を授与されることになった。科学者として、この賞をうけることは、当時、最高の名誉とされていたから、ソーニャは有頂天になった。

しかし、ソーニャを最も悲しませることが起った。長く病床にあったアニュータが亡くなったのである。姉は結婚生活にも恵まれず、作家としての才能もあまり発揮できないままに四十三歳の若さでこの世を去った。最も尊敬していた姉を失ったソーニャの悲しみはどのようであったろうか。ソーニャは二人の姉妹が若き日に描いた夢を追想した。美貌で金持で、しかも豊かな才能に恵まれていた二人が夢みた人生と、現実とのあまりにも大きい違いを主題とする小説を書き残したいと考えた。彼女は文学的にもかなりの天分があり、小説を書くことは一つの夢でもあった。しかしそれを果さずに、姉の死から四年後、四十一歳の若さでソーニャは突然この世を去った。大学で働くことをただ一つの救い道としてなぐさめとしていたソーニャは、亡くなる前日まで病をおして講義を続けていた。

ソーニャの場合、人生の幸福は最初考えていたような恋愛でも結婚でもなかった。彼女をなぐさめ、救ったものは、ただ仕事への精進だけであった。

現在のソ連邦では女性の科学の世界への進出が著しい。このようなめざめの背後には、ソーニャたちによって築かれた伝統が、いまなお力づよく生きていることを見逃してはならないであろう。

ソーニャ・コバレフスカヤ

ロシアの偉大な先覚者

科学者の中で、ソーニャほど、劇的な生涯を送った人は少ない。

ロシアの上流家庭に生まれ、何一つ不自由のない少女時代をすごした。乳母や何人もの家庭教師にとりかこまれてすくすく育った。

突然、思いもかけず、姉アニュータに

代わって、大学生コバレフスキに求婚されたことによって、ソーニャの運命は大きく変わった。ソーニャが十八歳の時であった。

ソーニャは数学にすぐれた才能があったばかりでなく、文学的才能にも恵まれた。彼女ははげしい情熱家でもあり、いく度か恋にもおちた。いつも自分の歩むべき道に悩み、苦しみ、時には深くきずついた。納得のゆくまで、考えなければ気のすまない性質であったが、一面女らしい可憐さがあり、人の心をひきつけた。

ソーニャは、大変運のよい人であったといえよう。まず生まれながらにして、生涯、尊敬することができた姉アニュータがいたことである。また、ソーニャが最も大切にした友情にも恵まれた。コバレフスキにめぐりあったことも、それがたとえ後にソーニャに大きい悲しみを与える原因になったとはいえ、彼女に一つ光を与えたということができよう。

ソーニャの伝記をまとめた女流作家アン・シャーロットは、最も親しい友人の一人であり、ソーニャは彼女には、何でもうちあけて相談する間柄であった。また、ソーニャをストックホルム大学の教授に招へいすることに力をつくしたミッタハ・レフラーも、敬愛する友人であった。バイエルシュトラス教授の門下生であるレフラーは、婦人問題にも深い関心をもっていたので、ソーニャを自分の故郷のストックホルム大学に招きたいと考えた。科学研究センターに、この偉大な女性の名前を連ねる光栄を得たいと思ったからである。

ソーニャの人柄のよさは、多くの友人をつくり、その友人たちのあたたかい支えは、ソーニャをいくたびかの悲しみから立ち上がらせ、生まれながらのゆたかな才能を発揮させたのである。

私をさらに感動させたものは、ソーニャの自由平等の思想であった。ソーニャのまだまだ元気であったころ、もし夫の事業が成功したならば、「人民の宮殿」をつくる計画をしていた。みんなが同じ教育をうけ、同じ生活ができる平等な社会をつくることを、ソーニャは夢みていた。近代的な社会体制をつくりあげることが理想であった。彼女はロシアの偉大な先覚者であった。

ゲルティ・T・コリー　――誠実、勤勉、そして優しさ――

夫婦でノーベル賞受賞

科学者の夫婦が一組となって、ノーベル賞を受けたことが、いままでに三回あった。すでに「偉人な女性科学者たち」で述べたように、マリー・キュリーが夫のピエールとともにノーベル物理学賞を授与されたのがはじめてで、一九〇三年であった。マリーの娘、イレーヌ・ジョリオ・キュリーが、夫のジョリオとともに、化学賞を一九四七年に与えられた。そして、ゲルティ・T・コリーが、当時、アメリカ、セントルイスにあるワシントン大学の医学部教授の夫カールとともに生理学と医学におけるノーベル賞を受賞したのは一九四七年であった。

ゲルティ・ラドニッツ（ゲルティの娘時代の名前）は一八九六年、プラハに生まれた。そのころプラハは、オーストリアの一都市であった。父はオーストリア国内にある数カ所の製糖工場の支配人をしていた。

彼女は当時の、中流家庭の多くの少女と同じように、十歳までは家庭教師による個人的な教育をうけたのち、女ばかりの学校に入学した。優雅な女性をつくりあげるのを教育の目的としている女学校であった。ゲルティはよく勉強し、優雅な社交性をもつ娘に成長した。彼女の優雅さは、ひときわひいでていた。文化的な気品のただよう進歩的な良家の魅力ある少女に成長した。

十六歳になり、まもなく女学校の卒業式を迎えようとするころ、ゲルティは大学の医学部に入学したいと考えるようになった。彼女の叔父はそのころ、医学部で小児科の教授をしていたので、おそらくその影響をうけたのであろうと伝えられている。

しかし、ゲルティの卒業した女学校は、すでに述べたように、女子の優雅さを教育することを目的としていたので、神学や数学、あるいはラテン語などの学科についての授業はほとんどなかった。医学部に進学するためには、ラテン語については、さらに八年間の単位をとらなければならなかった。数学についても、また物理学や化学についても、五年間の単位を追加しなければならない。

これらの学科の単位は高等学校でとることができるが、時間がかかる。これだけの科目の勉強をして、医学部に入学したとしても、医学部は六年間在学しなければならない。彼女が医学士としての資格を得るまでには、彼女の髪が白くなってしまうのではないかと、両親が心配した。

ゲルティは、女学校を卒業した年の夏休みはゆっくりとすごし、秋から勉強しはじめるつもりでいた。夏休みの間に、彼女は幸運にも、高等学校の教師をしている一人の男性に出会った。この男性はゲルティの計画をきいた後、次のような申出をした。

「私にラテン語の勉強の手伝いをさせていただけませんか」と。

男性の名はカール・コリーといった。

茶色の目をした、赤茶色のフサフサした髪の少女は、この男性の申出をうけ、夏休みの間、一生懸命勉強して、休みが終るころには三カ年分のラテン語の勉強をしあげていた。

ゲルティはタッシェンにある高等学校に入学し、微積分を含む数学の単位まで、医学部に進学するに必要な学科の単位を、二年間でとってしまった。これは全く不可能と思われていたことであった。彼女自身ものちに述べているが、彼女の生涯において、最もつらい試験の連続でもあったという。

十八歳の誕生日のすぐあと、ゲルティはプラハ大学の医学部に入学した。プラハ大学はヨーロッパの大学の中でも、最も伝統のあるすぐれた大学の一つであった。彼女の最もよき理解者であり、共同研究者であり、のちに彼女の夫になったカール・コリーは、同じ時に同じ大学の医学部に入学した。彼は十八歳の誕生日に、あと数カ月という時であった。

ゲルティはカールとともに、生化学の研究室で一緒に勉強することとなった。免疫学についての共同研究をした。論文が印刷されるのを待つのは、科学者にとって最大のよろこびの時間である。二人は論文が刷りあがってくるのを一日千秋の思いで待った。

研究室の外でも、二人は大いに楽しんだ。アルプスの山登りも、スキー、スケート、水泳も一緒に楽しんだ。いうまでもなく、二人は愛しあうようになった。二人は一九二〇年の春に医学博士の学位をとることができた。そしてその夏の終りに結婚した。

コリー、アメリカへ

この間第一次世界大戦がはじまり、オーストリアには大変事がおこった。オーストリアは敗退し、彼らたちが学んだ大学は、オーストリアのものではなくなった。プラハは新興国、チェコスロバキアの首都となった。

オーストリアにおける医学者の需要は、急速に大きくなった。しかし、二人の若い医学博士は医学における生化学研究にたずさわることにした。カールはウィーンでポストを得た。ゲルティも同じ市の小児病院に勤めることができた。彼女は病院の仕事の合間をぬって、研究の仕事を続けた。甲状腺と脾臓の研究成果を科学雑誌に発表した。

しかし、彼らが研究に専念できるポストを得ることは、ヨーロッパではなかなかむずかしいことがしだいにわかり、この希望を実現させてくれるのは、アメリカ以外にはないと思うようになった。

一九二二年、医学博士の学位をとってから二年後に、カールはまず単身でアメリカに渡り、バッファローにあるニューヨーク州立大学の生化学教室に研究者として、勤めることができた。数カ月後、カールは同じ大学の病理学教室に助手のポストがあることを見つけ、ゲルティをアメリカによびよせることができた。

しかしゲルティは、病気の状態を研究するより、健康のときの体のしくみを研究することに、より多くの興味をもっていた。やがて彼女の希望がかなえられ、数年後に生理学教室の助手として移ることとなった。

二人はかつて、プラハ大学医学部で、はじめて一緒に勉強した時のように、アメリカで共同研究ができるようになった。

一九二二年以来、研究の大部分は二人の共著であった。私たち人間の体は食物をとることによって成長してゆくのであるが、二人は食物中の各種の元素が、人間の体内を移行してゆく代謝過程を、生化学的に研究することに深い関心を寄せていた。

ちょうどそのころ、インシュリンが発見された。この発見が二人の研究の方向に、大きい影響を与えた。

インシュリンは一種の蛋白質であり、ホルモンの一種で、副腎ホルモンと呼ばれている。正常な人間では体内で生産され、体内における代謝に重要な働きをする。すなわち、私たちが摂取した糖分や澱粉等の炭水化物の消化、吸収などの循環を調整する働きをもつ。インシュリンは炭水化物を消費する機能が衰えた時におこる病気である糖尿病には、大変ききめのあるホルモンである。

生化学者の二人にとっては、人間の体全体を通して、食物として体内に入った炭水化物の消化、吸収等の循環・化学過程を究明するための新しい方向が提供された。彼らは研究の主題を「体内における糖類の代謝の化学過程」におくこととした。

二人は一定量の糖分を白ネズミに食べさせ、インシュリンを与えた場合と、与えない場合について研究を進めた。ある時間の後に、体内の循環器系における炭水化物の含量を測定した。その結果は、与えた糖類の約半分がグリコーゲンに変わり、肝臓や筋肉の中にたくわえられ、また糖分のあるものは脂肪になり、脂肪としてたくわえられ、残りは燃えて炭酸ガスと水になることがわかった。インシュリンは、肝臓の中にたくわえる糖分の量を少なくすると同時に、糖分が体内でよりよく活用される過程を促進するものであることもわかった。これらのことは糖尿病患者の治療に、大変有効な新しい知見であった。

インシュリン以外の他のホルモンの生化学的代謝についても、解明することができた。

筋肉の中にたくわえられたグリコーゲンは乳酸をつくり、血液によって肝臓に運ばれ、肝臓グリコーゲンに変わる。続いて血液グルコースがつくられる。これはのちに筋肉グルコースに変わり、再び循環することがわかった。人間の体内におけるこの永遠の循環過程は、「コリーのサイクル」と呼ばれ、体内代謝について、重要な知識を提供した。

セントルイス――ワシントン大学教授に――

一九三一年、セントルイスにあるワシントン大学は、カールを教授として、ゲルティを主任研究者として招へいした。ゲルティはのちに教授に任命された。ここでは、ゲルティはカールとともに、同等な立場で研究する自由が与えられた。二人で研究すべき問題について考え、研究を進め、得られた結果については、さらに議論をたたかわすという、科学者にとっては、最高にしあわせな毎日を送ることができた。

セントルイスに着任してから数年後に、男の子が生まれた。結婚生活の十四年目に、はじめて子供が授かり、二人はこの上なく幸福であった。息子トミイの出現は、彼らの研究生活には、何らの障害を与えなかった。主婦として、母親として、また研究者として働くゲルティに、カールは全面的な協力をおしまなかった。

「コリーのサイクル」の中でおこる化学変化のあるものは、ホルモンと同じように、正常な体内でつくられるエンチームと呼ばれる蛋白質が働いていると考えた。ゲルテイは、カールとともに、グリコーゲンが変化する過程を、さらに究明するための一つの試みとして、エンチームの研究をはじめた。当時はエンチームについては、ほとんど何もわかってはいなかった。現在でも、まだ多くの未知な事柄を残している分野である。

エンチームは、われわれの体内における化学変化の際に、触媒として働く。一つのエンチームは、ただ一つの物質にのみ作用する。エンチームの構造は非常に複雑であり、そのことが研究を一層むずかしくしている。

研究中のコリーと夫カール

カールとゲルティは、二つのエンチームを発見した。一つはフォスフォラーゼであり、他はフォスフォグルコムターゼである。「コリーのサイクル」の代謝過程の間に、グリコーゲンに特殊な働きをするエンチームを追跡し、化学変化をおこす時に触媒の働きをすることを、二人は確認することができた。

ノーベル賞受賞

一九四七年、カールとゲルティは、この研究によって、「グリコーゲンの接触作用による消耗の発見」として、医学と生理学におけるノーベル賞を受賞した。

セントルイスのワシントン大学における彼らの研究室には、炭水化物の代謝過程に興味をもつ第一級の科学者たちが、しだいに集まってきた。コリー夫妻の研究業績は、世界的に高く評価され、重要視された。

ゲルティは、広い趣味の持主であった。読書は趣味というより、彼女の生活の一部であった。科学の専門書のほかに、一カ月に二、三冊の本を読むのは普通であったという。また芸術をこよなく愛した。ゲルティは芸術を、「人間の心の栄光」の一つとした。彼女の生活をつらぬいた信条は、病床で書いたものの中から、見ることができよう。

「知的な誠実さ、勇気、親切にもとづいている正直さは、私が最も尊敬しているものです」

数々の栄誉

彼女は研究に一生没頭した。「私の生涯で忘れることができない瞬間は、何年もコツコツと研究を続け、やがて自然の秘密のベールがはがされた時、暗い混沌とした闇の中から突如として美しい光を得て、その機構があきらかにされた時である」という。

セントルイスにおいて、彼女は研究室で、夫と同等に自由に研究を進めることができた。彼らは研究の結果をともに語り合い、次に行なうべき研究を討論し、研究を二人で分担し合って進めるという方法をとった。問題がおこれば、それらについて語り合い、この問題点の解明を、時には学生や助手とともに、また時には、彼ら自身それぞれ独立に研究を進めた。理想的な形で研究は進行した。

一九四七年、彼女はアメリカ科学アカデミーの会員に選出された。女性として第四番目の会員となった。夫カールが会員に選出されてから八年後のことであった。

ノーベル賞受賞の前年、一九四六年には、科学におけるミドウェスト賞をゲルティはカールとともに、また一九四八年には、カールは彼の二度目の糖類研究賞をゲルティとともに受賞した。

またゲルティはボストン大学、イエール大学、スミス大学、ローチェスタ大学、コロンビア大学から名誉博士号を授与された。

彼女はまた一九四七年に、内分泌学におけるスキップ賞を、夫とともに授けられた。一九四八年には、女性研究者にのみ与えられるガーバン・ゴールデン・メダルを授与された。

一九五〇年にはアメリカ医大協会のボーデン賞を受賞した。またその年に新しく設置されたアメリカ科学財団の理事に、トルーマン大統領から任命された。

これらによって、彼女は大変忙しくはなったが、研究を含めてより活動的に仕事を進めることができた。会議に出席するために、ワシントンへの出張も多く、旅行に出かける機会がふえた。

有能な家庭的女性

ゲルティはヨーロッパで教育をうけ、その後アメリカにおいて研究の機会をもつことができ、大変しあわせであった。この幸運によって、彼女は亡くなるまで、一五〇から二〇〇の論文を残すことができた。

ゲルティは研究者として優秀であっただけでなく、また家庭的にも大変有能な女性であった。家の庭にはいつも美しい花を咲かせ、家の中では、よい音楽や絵画を楽しむなど、芸術を愛好した。科学に対してだけでなく、伝記、歴史、さらに時事問題にも大きな関心を示した。前にも述たように科学は芸術と同じように、人間の心の輝きの一つであると考えていた。科学と芸術の間には、何らの矛盾はないと、彼女はいう。家庭的であり、やさしく、さわやかなゲルティの生活に、私は好感をもつのである。彼女が書いた最後の手紙は、ついに完成しなかったが、これは夫が病気に臥していた友だちにあてたもので、ゲルティの心の優しさ、友を思う女性の心がにじみ出ているものであるという。

夫カールとは四十年間の研究仲間であり、三十五年間の共同研究者であった。文字通り科学に献身した三十五年間であった。彼女は、一九五七年、六十一歳の生涯を閉じた。

マリー・キュリー、イレーヌ・ジョリオ・キュリーとゲルティ・コリーの三人に共通していることは、研究のよき理解者、よきパートナーを夫にしたことである。しかしそれだけではない。十九世紀後半、あるいは二十世紀前半の、女子が大学に入学することを許されない時代に、困難をのり越えて研究を続けた、という意志の強さを見逃してはならない。それに加えて、コリーが最も大切にした生活の信条である誠実さ、勤勉さが、彼女を栄光の座に導いたことはいうまでもないだろう。

ウ・チェン・シュン　――核物理学の女王――

東洋の科学者

ニューヨーク市にあるコロンビア大学の物理学教室を訪れた人は、一人の気品のある東洋婦人が、すべての研究者の尊敬を集めていることを知るであろう。

いつも中国服を美しく着こなしているこの婦人の名は、ウ・チェン・シュン（呉健雄）である。アメリカで最も著名な女性科学者の一人であり、アメリカでも、まだ数少ない女性の大学教授の一人である。この女性科学者こそ、一九五六年、核物理学に画期的革命をもたらしたリー・ツン・ダナ（李政道）教授と、ヤン・チェン・ニン（揚振寧）教授の理論（一九五七年ノーベル物理学賞、リーとヤン「パリティの非保存についての研究」）に実験的証明を与えたウ博士である。

東洋の女性科学者、ウ・チェン・シュンは一九一二年、上海の近くの小さい町で生まれた。父親は町の小学校の校長であった。教養ある両親と、優しい二人の兄弟の間ではぐくまれたチェン・シュンの少女時代は恵まれた日々であった。

読書の好きな彼女は、家にある本をむさぼるように、読みあさった。中国の伝統的文化、古美術、そして古典音楽を学んだ彼女は、中国文化の真髄にふれ、それらを何よりも愛した。

チェン・シュンは故郷の中学校を卒業すると、高等学校に入るために、両親と別れて蘇州へ行かなければならなかった。高等学校では物理学や数学に興味をもち、また英語が好きで、一生懸命に学んだ。このことが、彼女のその後の勉学、とくにアメリカにおける生活に大きく役立った。

彼女が物理学に関する研究者になりたいと決意したのは、彼女の高等学校時代であった。しかし、彼女にこの決心の時のことをたずねると、彼女は「別に劇的な瞬間というものではありませんでした」と、もの静かに答えるのが常であった。

高校卒業ののち、南京の国立中央大学に入学した。大学では物理学と数学を専攻し、一九三六年、理学士の称号を授与された。彼女はさらに大学院に入って、物理学の勉強を続けたいと思った。しかし、進歩的な両親は、彼女の希望を満たすためには、アメリカで勉強することをすすめた。

カリフォルニア大学へ留学

一九三六年の秋、チェン・シュンはカリフォルニア大学の大学院に入学し、ローレンス教授の研究室で指導をうけることになった。当時、ローレンス教授は核物理学の第一人者であり、チェン・シュンがローレンス教授の下で勉強できたのは大変な幸運で、その後の彼女の生涯に大きい影響を与えた。ローレンス教授は一九三九年にノーベル物理学賞を、「サイクロトロンの発明とその研究、およびそれによる人工放射性元素の研究」で受賞した。

一九四〇年、彼女はカリフォルニア大学から理学博士の学位を授与された。この間、彼女は、バークリイのインターナショナル・ハウスに住んでいたが、ここで多くのアメリカ人や東洋人の友だちを得た。ここで彼女はとくに西洋の古典音楽やフォークソングにも親しんだ。ここで知りあった実験物理学者ルク・チャリユオ・ヤン（袁家騮）とは、数年後に結婚することになったが、彼は東洋音楽や西洋音楽に造詣が深く、自らも演奏をするほどであった。

当時、中国は一九三七年以来、日本との戦争で、社会情勢は一層険悪となったので、チェン・シュンは当分アメリカにとどまって、研究を続けることとした。彼女はローレンスの研究室でセグレと知りあい共同研究を行なった。この研究は戦争が終るまで、雑誌には発表されなかった。米国内では、ロスアラモス研究所等でも高い評価をうけていた。セグレはのちにカリフォルニア大学の教授になったが、一九五九年ノーベル物理学賞をチャンバレインと共同で「反陽子の発見」で、受賞した。彼はのちに、ウ・チェン・シュン女史をたたえて、「現在の核物理学を支配している女王」であるという。

カリフォルニア大学における彼女の研究成果は、学位論文を完成する前から評判となり、核物理学における才能が認められはじめた。一九四二年、彼女はアメリカ東部に移り、スミス大学で物理学を教えることになった。

一九四三年、アメリカでも最高の大学の一つであるプリンストン大学から、核物理学の講師としての招請をうけた。当時、わずか三十一歳のチェン・シュンが、この申出に、少なからずおどろいたのも、無理のないことであったろう。なぜなら、プリンストン大学をはじめ、アメリカの有名な大学の中には、当時はまだ、女子学生を入れないところさえあったからである。彼女はこの当時のことをふりかえりながら、「戦争がたけなわの時で、物理学の教師が不足していたためだったのでしょう」とけんきょに語るのである。

アメリカ科学アカデミー会員に

戦後、コロンビア大学で、彼女は核物理における新しい実験方法を次々と発展させた。一九五二年にはコロンビア大学の准教授となった。

一九五六年、彼女は二人の中国系アメリカ人の物理学者と研究をともにする機会を得た。それが、はじめに述べたリ、ヤン両教授の新理論を証明することになったのである。

一九五八年、プリンストン大学の正教授となった彼女は、プリンストン大学名誉博士に加えて、アメリカ科学アカデミー会員として、第七番目の女性科学者となった。また中国科学アカデミー会員にも指名された。

一九五八年、アメリカ科学アカデミー賞をうけた時、学生たちに彼女は次のように語っている。

「私は長い間、アメリカで暮らして不思議に思うことは、なぜ、もっと多くの若い女性たちが、科学の勉学に進まないかということです。女性の才能をうもれさせてしまうのは、社会的にも、大きな損失でしょう。私は女性が、科学的な勉学をする能力に乏しいとは、少しも考えていないのです」。

ウ・チェン・シュンと私

去る三月末、ウ先生は財団法人仁科記念財団の招請で来日された。私ははじめて、先生にお目にかかることができた。

私がウ先生の名前をはじめて拝見したのは二十数年前、一九六〇年のころであった。著名な、国際的な女性科学者の中に、東洋人の名前を発見して、とてもうれしく思った。専攻分野がちがうので、ウ先生についての情報は手に入らなかったが、それ以来、私はウ先生についての詳細をさらに知りたいと思いつづけてきた。

ちょうどそのころ『近代科学の女性たち』（*Women in Modern Science*）がアメリカで刊行されたことを知った。当時は外国の本がたやすく日本で手に入るという時代ではなかったので、長くボストンに滞在し、研究をつづけていらっしゃった不破敬一郎先生（現東大教授）におねがいした。先生は快く、早速、一冊をおくって下さった（一九六二年）。この本はエドナ・ヨースト女史著、ドッド・ミード社出版、一九六〇年刊行であった。ウ先生のほか、リーゼ・マイトナー、ゲルティ・T・コリー博士等、天文学者、動物遺伝学者等、十一名の女性科学者の伝記がのせられていた。多くは著者のインタービューをもとにしているという。私は東洋の女性科学者の出現を大変誇りに思い、ウ先生の章を何度もよみかえし、その一部を雑誌に紹介したこともあった。

ついでウ先生の記事をよんだのが、アメリカの週刊誌「ニューズ・ウィーク」誌であった。一九六三年五月二〇日号である。「物理学の女王」というタイトルで、大きな写真ものせていた。実験室の中で白い実験着をきたウ先生は美人であり、また大変やさしそうな人柄を感じさせた。「なぜ科学研究の道に入られたのですか」という問いに対し、ウ先生は次のように答えていられた。

「科学研究は最も価値の高い知的な仕事です。女性はそれを勉強することによって、励まされるものです」

「アメリカでは、科学研究の道を歩こうとする女性が少ないが、これはまことに残念に思います。全米の科学者の中に、女性はわずかで、一〇％以下です。物理学者は女性科学者全体のわずか三～四％にしかなりません。あまりにも少ないと思います」

「中国では、もっと多勢の女性物理学者がいます。アメリカでは、女性科学者に対して少し誤解しているのではないかと思います。女性科学者はすべてだらしのない独身女性と思っているようです」

「中国では女性を高く評価し、男性は女性に協力し、彼女の仕事を成功させるように努力します。女性を励まし、女性をいつまでも女性らしくしておくように力をかします。子供を生むことと育てること以外について、男性がすべて、女性よりまさっているなどと自慢するようなことはありません。女性がよい教育をうけて、訓練をうけたよい人間になることは、男性にとっても、よいことだと考えています。女性も男性のレベルの高い仕事を理解し、評価することができるようになるでしょう」

今回はウ先生お一人で来日されたが、夫のルク・チャリュオ・ヤン（袁家騮）博士は高名なエネルギー物理学者である。一人息子のヴィンセントも核物理学者であり、目下アメリカのロスアラモス研究所において、活発な研究活動を展開しているという。科学者一家である。

ウ・チェン・シュン

ウ先生は、私がはじめて拝見した二十年前の写真とあまりお変りなく、髪のところどころに少し白いものがみえるくらいであった。美人であり、本当につつしみぶかく、内気な感じの品のよい女性である。今年七十歳になられたとは信じられないほど若々しい。日本婦人科学者の会は、四月九日、ウ先生から女性研究者のあり方、生き方等について、直接、お話を伺う予定にしている。第二のキュリー夫人といわれ、学問的に高い評価をうけているウ先生、しかも東洋出身の女性科学者としてのお話は、確実に私たちに多くのものを与えるであろう。私はその日を楽しみとしている。

メンデレーフとその母　――偉大な科学者を育てた女性――

メンデレーフと母の苦労

ドミトリイ・イヴァノビッチ・メンデレーフは西シベリヤのドボルスクに、一八三四年二月八日生まれた。このドミトリイこそ、後に、一八六九年「元素の周期律表」を発表して、世界の学界を驚嘆させたメンデレーフその人である。

彼はすべての元素を、彼がつくった体系にしたがって配列させると、元素の間に、一定の周期性があることを見出した。しかも、その大きな特徴は、まだ発見されていない元素の原子量はもとより、その元素の外観、比重、融点、さらにその元素の化合物の化学的性質までも、あらかじめ知ることができることである。メンデレーフの存命中に予告した元素の中の三元素、すなわち、ガリウム、スカンジウム、ゲルマニウムが発見され、その化学的性質なども彼の予告と大差なく、メンデレーフの周期律表の正しさが確認された。

メンデレーフ家は当時としても大家族で、ドミトリイは十四人（あるいは十七人ともいわれている）兄姉の末子であった。メンデレーフ家の祖先は、ロシア人と蒙古人の混血であった。

母親のマリヤ・コルニレフ・メンデレーフは末子のドミトリイを大変可愛いがり、「ミチェンカ」の愛称で呼んだ。ドミトリイの父親はドボルスク中学校の校長をしていたが、ドミトリイの小さいときにそこひを患らい、不幸にも、とうとう両眼の視力を失ってしまった。政府は彼に年間、一千ルーブル（約十八万円）の恩給を与えたが、しかし、これだけでは到底、大家族をやしなってゆくことはできなかった。

めしいた夫と、まだ独立していない八人の子供をやしない、そして教育しなければならない大きな負担は、すべてマリヤ・メンデレーフの双肩にかかった。

マリヤの実家のコルニレフ家はドボルスクの町では、ガラスと製紙の工場を初めて経営した家であったので、マリヤはガラス工場の工場長をひきうけて一生懸命に働いた。大家族をやしなわねばならない大きな負担にもかかわらず、マリヤはすぐれた経営の手腕を発揮した。

　ドミトリイはドボルスク中学校で数学、物理学と歴史には優秀な成績を示したが、ラテン語はあまり得意ではなかった。自然科学についての彼の最初の先生は、ドミトリイの姉の夫、すなわち義兄のバザルギンであった。

　バザルギンは教養の高い青年で、一八二五年十二月、ニコライ一世治世時代におこされた革命——十二月革命——に連座した、いわゆる十二月党員であった。革命は失敗に終り、バザルギンはシベリヤに亡命した。この出来事については、トルストイの『戦争と平和』に詳しく記述されている。

　ドミトリイは十六歳で中学校を終えたが、卒業の直前、二つの大きな不幸に見舞われた。一つは、彼の盲目の父親が結核でついに亡くなったことであり、他は母マリヤの経営していたガラス工場が火災のために全焼してしまったことである。

　マリヤは当時五十七歳であったが、一番小さい子供二人を数百マイル離れたモスクワで教育することを決意し、馬車をととのえた。マリヤはドミトリイをモスクワ大学へ入学させようと努力したが、すべては空しかった。大学へ入学するためには、もっと権勢のある人にとり入ることが必要であった。マリヤは仕方なく、子供をペトログラード（いまのレニングラード）に連れて行った。そこには、亡夫の友人である中央教育大学の学長プレノフがいて、母子をあたたかく迎え入れた。そして、ドミトリイに政府の奨学金をもらえるように手続きをとるとともに、物理学と数学の教室で勉強ができるようにとりはからってくれた。

亡き母に捧げた論文

マリヤは子供をペテログラードにおいて、一人ドボルスクにもどったが、数カ月後、心痛と過労のために急逝した。何年か後に出版されたメンデレーフの名著『溶液論』の序文に、次のようなことが記されている。

「この著書は母の思い出のために、その末子から捧げられる。母は工場を経営しながら、その仕事を通じて息子を教育した。母は模範を示すことによって教え、愛によって正しく導き、そして息子を科学に献身させるためにシベリヤを去った。そして過労から、母は最後の財産である健康を失った。母は死に際して次のように語った。

〈幻惑より遠ざかり、言葉ではなく、仕事に没頭せよ。忍耐づよく、聖なる科学の真理を探し求めよ。私は弁舌というものが、いかにしばしば、われわれをあざむくかをよく知っている。まだ多くの学ぶべきことが残されているが、それらは暴力によるのではなく、科学によってときあかさなければならない。すべての迷信、不真実、そしてあやまりは、かたくなな考えではなく、愛によってとりのぞかれるものである。見出した真理を守ることと、個人と社会の進歩をはかることがわれわれのしあわせと自由をもたらすと信じている〉

ドミトリイ・メンデレーフは、母の臨終の言葉を尊いものと考える。一八八七年十月」

ペトログラード大学教授に

メンデレーフは、中央教育大学を優秀な成績で卒業し金メダルを授与された。一八五九年から六一年まで、メンデレーフはパリでレニョー教授に師事した。ついでハイデンベルグでブンゼン教授に学んだ。一八六一年に彼はペトログラードに帰り、理学博士の学位を授与された。彼はただちに工科大学の化学の教授に任命された。八年後、一八六九年には、ペトログラード大学の一般化学の教授になった。

その年の三月、メンデレーフはロシア化学会に「元素の原子量とその性質との関係」という論文を発表した。これこそ、彼の名を不朽ならしめた論文であった。

一八八九年、ファラデー記念講演のとき、メンデレーフは自信をもって、次のように述べることができた。

「周期律表によって、いまやわれわれは、いままで化学的な力では観測することのできなかった未発見の元素を知ることができるようになった。私の周期律表は、いままでのいかなるものより完全であり、実験的基礎にもとづいている」

また、メンデレーフは、彼とは全く別に、しかもほとんど同じころに周期律表を発表したローター・マイヤーの主張を快く認めた。メンデレーフは一八八七年、マンチエスターにある英国協会で講演を頼まれたが、ロシア人であるメンデレーフは英語で話すことがむずかしいと思ったので、立上って、だまってただおじぎをした。するとマイヤーも立上って、英国の科学者たちのあたたかい心づかいを感謝するとともに、遠来のメンデレーフに不愉快な感じを与えることを極力さけながら、おだやかな言葉で「私はあの偉大なメンデレーフではありません。ローター・マイヤーです」とけんそんに述べた。メンデレーフはきびしい科学の世界の、国境を越えた友情に感謝し、心からの拍手をマイヤーに送った。

一八八三年、化学者にとっては名誉あるデイヴィ賞がメンデレーフとマイヤーの両人に与えられた。

「愛情」によって育てられた「英知」

メンデレーフとその弟子たちは、化学のあらゆる分野で貢献している。また、メンデレーフの著作も、いまもって化学の古典として高く評価されている。その名著『化学の原理』は非常に急いで書かれたといわれているが、ロシア語で書かれた化学の教科書としては最高のものであり、ペトログラード・アカデミーは、この著書に対して、デミドフ賞をおくった。

彼はまた、石油化学にも興味をもっていて、バクー石油地帯、コーカサスの石油地帯とペンシルバニヤ石油地帯などについての研究にも、かなり力を入れた。

メンデレーフは一方、芸術や文学などにも造詣がふかく、美術などに関する小論を書いた。また彼の論文には彼の妻によって書かれたラボアジェ、ニュートン、デカルト、ガリレオ、コペルニクス、グラハム、ミッチェルリッヒ、ローズ、シェブリュール、ファラデイ、デューマ、ベルテローのスケッチがそえられた。

メンデレーフの、とくに好きな作品は、ジュール・ベルヌであり、彼の最後の病床をなぐさめたのは、その著書『北極への旅』であった。

メンデレーフは一九〇七年二月二日土曜日に、肺炎で亡くなった。ニコラス皇帝はメンデレーフの死を惜しんで未亡人に次のような電報を送った。「メンデレーフ教授とともに、ロシアは最愛の息子を失った。されど、彼の名は永遠に、われわれの記憶にとどまるであろう」。

メンデレーフも、彼の偉大な業績も、母マリヤなくしてはあり得なかったことを考えると、人生における「献身」「愛情」「英知」の尊さを、いまさらのように感じないではいられない。

科学こそファンタジー

最近は高等教育をうける女子学生の数が少しずつふえているようで、大変たのもしく思っている。しかし、女子の大学卒業生の、社会への受け入れ状態が、必ずしも女性にとって有利になってきたとはいいがたい社会情勢にあることを、私は大変残念に思う。

女性の人格が、まだ十分に理解されていないところに問題の根源がある。いまの社会では、男女同権というのは、それは大学に入学するまでのことである。

いいかえると科学者、研究者を志す女子学生の数が少しずつふえているが、その人たちの社会におけるポストが、全く用意されていない現状にある。折角研究者を志しても、研究者への道がひらけていないのである。日本では研究者の社会的地位が低い上に、女性であるために、研究者としての地位が保証されない。研究というものの意義が本人にも十分に理解されないまま、折角の志が闇に葬むられてしまうことになりかねない。

研究者というものの存在意義や研究への興味、あるいは研究者のもつ創造の世界への果敢な挑戦を経験しないまま、若い女性の才能がうもれることの無念さとともに、このことが後につづく女性研究者への芽をつむことを、私は大変心配している。これは教育投資という観点からも、全くの無駄づかいである。また女性の人権の軽視でもあろう。

科学研究の面白さについては、とくに第一章、第二章にも書いた。四十年の研究生活をふりかえってみても、私は研究者になってよかった、という思いで一杯である。研究生活に私がどっぷりとひたっているのは、その面白さが忘れられないということでもあろう。

自然の神秘は、自然界にまだ沢山残されている。そのほんの一部が、人間の歴史において解明されているにすぎないのである。先人の科学者たちによって発見された真理を土台に、私たちの疑問はさらに大きくひろがってゆく。先輩科学者による研究のすべてが、必ずしも有用なものばかりではなく、時にあやまりとして、時には不十分な論理のために、時間の経過とともに消えてゆくものもある。新たな観点からの研究によって、全くの予想もしなかった研究成果が生まれ、先輩の研究をのりこえてゆくこともある。研究者の仕事は論理に基づいて、自由に、空間と時間のひろがりの中で進展してゆくであろう。

古くは地動説（太陽が宇宙の中心で、地球が太陽のまわりを廻る）、天動説（地球が宇宙の中心で、太陽が地球のまわりを廻る）にもみられるように、真理はただ一つであるにも拘らず、そこに到達するまでには、百年、あるいは何百年もの、長い歳月を要する場合もある。

科学者、研究者としてのよろこびは、ごく小さな事象についても、真実をみつけた時に発せられる。その神秘の存在をみつけて、それに近づくことができるのは、素手で、ただ傍観しているだけでは、たいへんむずかしい。勉強していない人には、その存在すらみつけることができないであろう。

自然の神秘は、もつれている糸のようになっていて、はじめはその正体はわからない。

もつれた糸をほぐしはじめると、一生懸命勉強している人の前には、その正体の一部を次々と現わし、やがて神秘が全体として解明されてゆくのである。

私は推理小説が好きである。テレビでも、観客の一人として推理をしながら、考えをつづけることがある。いろいろな事象が、矛盾なく展開されるところに、問題となる核心がかくされている。論理的につくられる焦点の中に、犯人を追いこんでゆく面白さである。知的なあそびとして多くの人に歓迎されている共通の面白さが、そこに存在する。

好奇心がつよく、地道にコツコツと勉強することが好きな人なら、研究者となる素質は十分である。科学者、研究者に要求されるもう一つの面は、誠実で純粋な魂の持主であることであろう。それは人間としての崇高な魂とも呼ぶべきものである。素直な、純粋な魂をもつ人によってはじめて実をむすぶことができる創造の世界ということができよう。

それは、自然の神秘について、一つの夢をくりひろげてゆく世界に魂をあそばせることでもあろう。マリー・キュリーがいうように、それは「おとぎの国への一人旅」に似たものである。

あとがき

私は旧制専門学校を卒業してから、直ちに国立研究所につとめ、約四十年を過ごした。研究所は先年、定年退官したが、同じ研究の仕事を現在までつづけてきた。できれば生きている限り、私は研究生活をこのまま延長してゆきたいと思っている。

社会的に意義のある仕事をしたいという女性が、今後一層多くなると思うが、その時、女性の力を効果的に発揮するためには、あらかじめ専門的な職業訓練をしておくのが得策であろうというのが、私の基本的な考え方である。第一章、第二章はこれらについての考えや問題点をまとめた。若いうちに、できれば目標をたてて、将来のために学習することが有効であろう。

日本の社会は、いまだに封建的である。その封建的な社会で女性が力を発揮して生きてゆくためには、専門的技術あるいは職能をもつことが、一つの条件となろう。

第三章では、主として私の生い立ちを書いた。小学校から大学まで、親しい友だちをふくめて、いくつかの思い出を書いた。全く私的な部分であり、また五十年も昔のことでもあり、書くことの意義がどれだけあるかという心配があるが、出版社の方のご希望により残すことになった。

第四章は、とくにすぐれた女性科学者の生活と意見を紹介した。私が知り得た女性の中で、最も著名であり、多くの方に尊敬されている科学者たちを選んだ。これらの方々に共通していることは、科学的にすぐれた才能の持主であることはいうまでもないが、それ以上に、人間的に大変立派な方々であり、また大変な努力家であることは注目しなければならない。

科学者と呼ばれる人は、本来、崇高な精神の持主でなければならないと思う。科学研究という仕事は、芸術と同じく人間の創造力を昇華させるものであり、崇高な精神の持主によって、はじめてなしとげられるものであることを、これらの伝記から私は学んだ。人間の創造性を基盤として、自然の真理探求にたちむかう純粋な精神的活動をしてきた女性科学者の、真摯な姿に接することができた。科学者に限らず、このごろは人間の魂を失なった人々の行動が、あまりにも多くなった。第四章の女性たちの歩いた道をたどることによって、私は心が洗われる思いをもつと同時に、人間の生き方について多くのことを学んだ。

以上、全体として一人の女性研究者の生活と意見をまとめることに努力したが、考えのいたらない所が多いと思う。皆様からのご批判、ご意見を伺えればうれしく存じます。

本書は、二年ほど前に、編集を担当された岡本達也さんから、若い女性に学ぶことをすすめる本についてのご相談をうけたのが、出版のきっかけであった。岡本さん、ならびに矢熊晃さんの熱心なご協力に心からの御礼を申しのべたい。

一九八三年四月十八日

猿橋勝子

解説

黒田玲子

猿橋勝子先生の著書『学ぶこと 生きること』(福武書店 一九八三)が中央公論新社から文庫化されるとのこと、大変喜ばしい。先生のことは「猿橋賞」を作られた方として知っている人は多いと思う。『現在、女性科学者の置かれている状況の暗さの中に、一条の光を投じ、いくらかでも、彼女たちを励まし、自然科学の発展に貢献できるように、支援できればと願っている』という思いから「女性科学者に明るい未来をの会」を立ち上げられ、「猿橋賞」を設けられた。もう少し詳しく、海洋放射能研究で業績を上げられた地球科学者で、女性科学者の草分けでいらっしゃること、一九五七年に「天然水中の炭酸物質の行動について」で東京大学から理学博士号を取得、一九五八年に設立された「日本婦人科学者の会」の創立者のひとり、一九八〇年に女性で初めて日本学術会議会員に選ばれたこと、一九八一年にエイボン女性大賞を受賞され、一九八五年に「放射性及び親生元素の海洋化学的研究」によって日本地球化学協会から第一三回三宅賞を受賞されたことなどもご存じの人もおられるかもしれない。筆者は猿橋賞を受賞したことから毎年の授賞式の際に直接にお目にかかる機会に恵まれたが、それ以外はお手紙のやり取りが稀にあった程度で終わってしまったのは残念である。

一九八三年に出版されたこの本には猿橋先生の思いが詰まっている。四章からなっており、Ⅰ章は「生きることの素晴らしさに向けて」、Ⅱ章は「学ぶことの素晴らしさに向けて」と、素敵なタイトルがついている。Ⅲ章は「私の学んできたもの」で、先生の生い立ちが書かれている。Ⅳ章は「すぐれた女性の生活と意見」で、六人の優れた女性科学者の生涯や考え方を紹介している。マリー・キュリー、リーゼ・マイトナー、ソーニャ・コバレフスカヤ、ゲルティ・T・コリー、ウ・チェン・シュン、メンデレーフとその母である。

Ⅱ章の節「科学技術の進展と女性」の中に「正しい情報」、「社会的合意の形成」というタイトルの項がある。『放射能の環境等への影響については、まず正しい情報を伝えることが重要である。……企業にとって都合の良い情報は流すが、都合の悪い情報は外部へ出さず、……立地決定を急ぐあまりに行った宣伝であるかもしれないが、いかにも国民を小馬鹿にした宣伝といえよう。……これが後になって企業に対して、深い不信感を招く原因になっているのではないかと思われる。……原発問題に限らず、公害問題等、科学技術の発展、或いは科学技術の発展に伴って起こる問題を考えてゆく場合に大事なことは、真実を語る、信頼できる科学者の意見を聞くことである。また、その問題についての専門家であることが重要である』と書かれている。何と時代を先駆けていらっしゃったことか。まさに同じ思いで、筆者は一九九六年に『科学技術と人間』（朝日新聞）、『社会の中の科学、科学にとっての社会』（岩波書店、『日本人の科学』河合隼雄・佐藤文隆編）を執筆したが、そのかなり前のことである。猿橋先生は放射能雨の研究を通して核実験、原子力平和利用の問題に関心を持たれ活動された。この著書を通して、これまであまり知らなかった先生の一面に触れることができる読者は多いのではないかと思う。

厳しい差別と闘う

猿橋先生が大学に進学されたのは八四年位前のことである。東京府立第六高等女学校（現・東京都立三田高等学校）を経て、帝国女子理学専門学校（現・東邦大学理学部）を卒業された。私の母と同じ齢の猿橋先生がどんな思いで女性研究者の先達となりどれだけの努力をされたのか、考え方の新しさ、科学への情熱と世の中を変えていこうという意志の強さに頭が下がる思いである。

敗戦がきっかけで日本社会は大きく変わり、女性の地位、生き方も変えた。アメリカでも女性の就業率が大きく増えたのは第一次、第二次世界大戦後である。戦争未亡人の困窮を目の当たりにし、女性の自立、「女性も手に職をつける」必要があるといわれるようになった。女性も職に就くようになり、子育てが終わってから再就職する人も出てきた。短大進学者が増え、四年制大学生の二三％は女性になったが、女性の賃金は一九八〇年の平均で男性の五四％にとどまっていた。女性の能力は低いという固定観念があり、良妻賢母が理想とされていた。筆者が理系専攻で大学に入学した一九六六年ですら、「女子学生亡国論」という言葉が新聞紙上を賑わせていた。そして、多くの女性が、『卒業後に社会人としてその能力を発揮しようとすると、厳しい差別の存在する現実に直面』してきた。科学研究は『実験設備を必要とするところが社会人文科学分野とは異なり、集団で進行させる必要がある』ので一層困難である。先生は、中央気象台研究部（現・気象庁気象研究所）に勤め、生涯の師・友人となる三宅泰雄先生の指導を受けた。

海外での経験

モスクワ、欧米、そしてインドへの旅は、猿橋先生に大きな影響を与えた。モスクワで開催された第二回国際海洋学会議に参加するために一九六六年に初めてソ連を訪れられた。横浜からナホトカまでの船旅で船員に女性が多いことに、何か月も家を離れなくてはいけない海洋観測船に既婚の女性研究者がかなりいることに、そして重い撮影機を担ぐ記録映画担当が女性だったことに驚かれた。大学では女子学生が半分、医師の七五％、科学者の四〇％が女性、博士課程学生の一五％、修士課程の二八％が女性、ソ連科学アカデミーの一一％が女性であった。猿橋先生は日本学術会議会員の女性第一号である。

　アメリカはスクリプス海洋研究所に一年留学。南カリフォルニアの海水中のセシウム一三七の濃度の値に、当研究所のフォルサム博士と三宅・猿橋博士とで大きな違いが報告されたことから、当研究所に招聘された。フォルサムとの間で微量放射性物質に対する分析測定法の精度を競った結果、猿橋先生の分析精度が高く評価される結果となった。

　また、一九八一年には国際婦人科学技術者会議に参加するためインドを訪問されたが、貧しさ、大衆とエリートについて印象が深かったようだ。今やインドは非常に豊かになっているが、貧富の差はさらに拡大しているようだ。猿橋先生がご覧になったらなんとおっしゃるだろうか？　海外での体験は、情報にあふれている今でも、多様性や共通性を肌で感じることができ、得るところが多いと思う。

日本の現状と今後

猿橋先生の時代から大きく変わったが、一方で、相変わらずだと思うことも多い。世界経済フォーラムが発表するジェンダーギャップ指数（GGI）で、日本は昨年度は世界一四六カ国中一一六位と情けない。四つの指標で評価されるが、日本は教育と医療では高い評価を得ているが、管理的職業従事者の男女比が悪く経済参画の指数は〇・五六四、政治参画においては完全不平等に近い〇・〇六一である。国会議員、閣僚、行政府の長等における男女数の差が原因である。多くの方が努力しているが、改善のスピードは遅い。教育が完全平等で一・〇〇〇、一位となっているのは、なんとも面映ゆい。女性研究者の割合は国の統計（内閣府男女企画参画局）によると、一九九二年に七・九％だったのが、二〇二二年度には一七・五％に増えた。しかし、海外ではもともと高かったか、あるいはより速いスピードで増加している。日本と同じく低い割合にあった韓国にも抜かれてしまい、最低の位置に甘んじている。猿橋先生が女性研究者となられたのはこの統計よりも前であり、本当に優れた一握りの方だったのである。

社会の中での大学の位置も変わってきている。短大が四年生大学化し、その数は激減している。四年生大学への女子の進学率は大幅に増加したが、専攻学科は物理・化学系や工学系が非常に少なく、人文系・看護系に偏ったままである。大学院に進学する若者の割合は男女ともに低い（二〇一九年に男性一四・五%、女性五・九%）。他国では博士人材が増え続けており、このままでは日本発のイノベーション、新しい学問、産業が生まれにくいと心配でもある。

日本では少子化問題が最重要課題の一つになっている。気候変動、戦争や紛争、COVID-19などのパンデミック、ＤＸ、とくにChatGPT4など生成ＡＩが社会を急速に大きく変えつつある。これらに対応するには、あらゆるセクターでの女性の参画が不可欠である。男女平等はSDGsの一七のゴールの一つだが、一七のゴールはすべてお互いに連関しており、女性の活躍なくしてはどれも達成はできない。女性は弱い立場にあり災害や紛争の犠牲者であるという観点に加え、女性がリーダーとなって社会を変えていくことの重要性も忘れてほしくないと思っている。女性はこうあるべきというステレオタイプ、さらにunconscious bias（無意識の差別）が根強くあり、ＡＩも学習過程で既存の差別を増幅する問題点も指摘されている。

猿橋賞は今年で四三回目である。女性科学者が当たり前になり、この賞の意義が失われる日がいずれ来るのだろうか？

（中部大学　先端研究センター特任教授）

の一環として、先輩・同僚から寄付された祝金、500万円の全額を当初の基金として、「女性科学者に明るい未来をの会」創立。10月に発足。会長は東邦大学時代の猿橋の恩師、湯浅明東京大学名誉教授。

1981年　第3回エイボン女性大賞受賞（エイボン女性文化センター）。「女性科学者の草分けとして、地球化学の分野で優れた功績をあげ、女性の地位向上と世界平和のために、国際的な活動を続けている」

1981年　日本学術会議12期（第4部）会員に当選（～85年)。日本学術会議創立32年目で会員総数210名中にはじめて、1名の女性会員選出。

1985年　第13回三宅賞（学術賞）地球化学研究協会。「放射性および親生元素の海洋化学的研究」

1990年　3月、公益信託「女性自然科学者研究支援基金」の設立が文部省から認可。「女性科学者に明るい未来をの会」の財政基盤の安定化を目指し、当初の基金として金三千万円を出捐。

1992年　8月、日中国交正常化20周年の記念行事の一環として、日中両国から代表的女性科学者60名余が集り、初のシンポジウムを中国・北京で開いた。団長は向坊隆（元東京大学総長)、副団長は中根千枝（東京大学名誉教授）と猿橋勝子、連絡事務所は地球化学研究協会とし、猿橋が実務を担当した。

1993年　田中賞（功労賞）日本海水学会。8月、中国科学院からの招待を受け、アモイ大学海洋学部等と、広州五山にある地球化学研究所等を訪問。

1994年　8月、第2回日中女性シンポジウムが、大連で開催。

1996年　包括的核実験禁止条約（CTBT)、国連で採択されるも批准が完了せず未発効。

2007年　9月逝去。享年87。

猿橋勝子『女性として科学者として』（日本図書センター 1999年）を参考に作成

年　譜

1920年　東京に生まれる。

1943年　東京府立第六高等女学校（現・東京都立三田高等学校）を経て帝国女子理学専門学校（現・東邦大学理学部）卒業。中央気象台研究部（大手町）嘱託。

1945年　1月、中央気象台研究部、爆撃により研究室が半焼、諏訪市に移転。8月、敗戦。

1946年　3月、帰京。杉並区の陸軍気象部跡の研究室再建。気象研究所研究官。

1954年　第五福竜丸、ビキニ環礁で被爆。

1957年　理学博士（東京大学、化学系で女性初の理学博士）の学位取得。論文「天然水中の炭酸物質の行動について」

1958年　4月、「日本婦人科学者の会」（日本で婦人研究者の初の全国組織）を創立。猿橋の恩師の三宅泰雄教授（当時、東京教育大学教授・地球化学研究部長兼任）の下、会創立への準備が進められ、猿橋が事務を担当した。6月、ウィーンで開かれた第4回世界婦人集会（Womens International Democratic Federation 総会）で平塚らいてうはＷＩＤＦの副会長として平和問題、とくに核兵器禁止問題を発言することを提案した。

1962年　カリフォルニア大学スクリップス海洋研究所に招かれ、「海洋における人工放射性物質の挙動」についての共同研究に従事。

1963年　部分的核実験禁止条約（PTBT）、米ソ英が調印、発効。

1964年　第1回国際婦人科学技術者会議（アメリカ婦人科学技術者協会主催、ニューヨーク）に招かれ、第二分科会の座長を担当。

1967年　学校法人東邦大学理事、客員教授（～91年）。

1968年　核兵器不拡散条約（NPT）、70年発効。

1975年　75年は国連の提唱する「国際婦人年」であり、日本学術会議は「科学者の地位委員会」内に、婦人研究者問題小委員会（会員以外の女性委員による小委員会）の設置を10月に承認し、猿橋が小委員会の幹事（～77年）となった。

1980年　気象研究所・地球化学研究部長退官。猿橋の退官記念事業

刊記

一、本書は一九八三（昭和五八）年に福武書店から、刊行された『学ぶこと 生きること――女性として考える』を底本とし、文庫化にあたり黒田玲子氏による解説を付した。

一、明らかに誤植と思われる語句は訂正した。難読と思われる語句にはルビを付した。

一、本文中に今日では不適切と思われる表現もあるが、発表当時の時代背景と作品の文化的価値に鑑みて底本のままとした。

中公文庫

学《まな》ぶこと 生《い》きること
——女性《じょせい》として考《かんが》える

2023年7月25日　初版発行

著　者　猿《さる》橋《はし》勝《かつ》子《こ》

発行者　安部順一

発行所　中央公論新社
〒100-8152　東京都千代田区大手町1-7-1
電話　販売 03-5299-1730　編集 03-5299-1890
URL https://www.chuko.co.jp/

DTP　嵐下英治
印　刷　三晃印刷
製　本　小泉製本

Published by CHUOKORON-SHINSHA, INC.
Printed in Japan　ISBN978-4-12-207391-3 C1195